The Turning Point
School for 3050

회사를 떠나기 3년 전

회사를 떠나기 3년 전

지은이_ 오병곤

1판 1쇄 인쇄_ 2014. 5. 1.
1판 1쇄 발행_ 2014. 5. 7.

발행처_ 김영사
발행인_ 박은주

등록번호_ 제406-2003-036호
등록일자_ 1979. 5. 17.

경기도 파주시 문발로 197(문발동) 우편번호 413-120
마케팅부 031) 955-3100, 편집부 031) 955-3250, 팩시밀리 031) 955-3111

값은 뒤표지에 있습니다.
ISBN 978-89-349-6786-6 13320

독자 의견 전화_ 031) 955-3200
홈페이지_ www.gimmyoung.com
이메일_ bestbook@gimmyoung.com

좋은 독자가 좋은 책을 만듭니다.
김영사는 독자 여러분의 의견에 항상 귀 기울이고 있습니다.

이 도서의 국립중앙도서관 출판시도서목록(CIP)은 서지정보유통지원시스템 홈페이지(http://seoji.nl.go.kr)와
국가자료공동목록시스템(http://www.nl.go.kr/kolisnet)에서 이용하실 수 있습니다.(CIP제어번호 : CIP2014011594)

회사를 떠나기 3년 전

The Turning Point School for 3050

어느 순간에도 작아지지 않는 新직장인 프로젝트

오병곤

김영사

우리는 전혀 준비되지 않은 채로 인생의 오후로 접
어든다. 그런데 그보다 더 나쁜 것은 그릇된 전제
를 안고 이 길에 들어서는 것이다. 우리는 인생의
오전 에 따라 인생의 오후를 살아갈 수 없
다. 아침에는 대단했던 것이 저녁에는 사소한 것일
수 있고, 아침에는 진실이었던 것이 저녁에는 거짓
이 될 수 있기 때문이다.

- 카를 융 -

사표 대신 출사표를

매년 45만 명이 직장을 떠난다. 자발적 퇴직이 아닌 이상 절망과 두려움이라는 힘든 감정을 동반한다. 퇴직을 언젠가 다가올 현실적 문제로 미리 인식하지 못했고, 준비하지 못했기 때문이다. 떠남은 패배가 아니라 새로운 시작이 되어야 한다. 짐처럼 주어지는 강제적인 의무로부터 자유로워져야 한다.

몇 년 전 불안이 영혼을 잠식하던 때를 기억한다. 해직되던 동료들의 모습이 아직 깊은 상처로 남아 있다. 구조조정의 회오리에 내몰린 그때 그들은 아무런 준비도 되어 있지 않았다. 청춘의 시간을 쏟아부은 끝은 몇 개월의 위로금이 전부였다. 아무도 기다려주지 않았다. 당장 나가서 무엇을 해야 할지, 어떻게 생계를 이어갈지 막막한 이들이 대부분이었다. 코너에 몰려 궁리를 하다 보니 좋은 답을 찾기가 어려웠다.

누구나 떠나야 할 때가 온다. 떠남에는 두 가지가 있다. 하나는 제 발로 떠나는 것이다. 이때는 갈 곳을 정하고 떠나야 좋은 여행이 된다. 지금 이곳이 싫어서 무작정 떠나면 치기 어린 가출일 뿐이다. 또 하나는 떠남을 강요당하는 것이다. 참담하게 버려진 기분이 든다. 이 상황을 피하려면 필요한 사람이 되어야 한다.

꼭 필요한 사람이 되는 것과 제 발로 떠날 준비를 하는 것은 동전의 양면처럼 함께 존재한다고 볼 수 있다. 지금 있는 곳에서 꼭 필요한 전문가가 되고 열정과 헌신이 가능한 사람은 다른 곳에서도 그런 기회를 쉽게 찾을 수 있다. 스스로 자신을 다듬어 좋은 작품으로 만들어두었기 때문이다.

준비하라. 철저히 준비하라. 우리는 늘 떠남을 준비해두어야 한다. '어떻게 되겠지'라는 근거 없는 낙관주의에 숨어서는 뜻을 이루기 어렵다. 절실한 사람은 준비하게 되어 있다. 절실하게 해보고 싶은 자신의 길이 열릴 때까지 기다리고 그 순간이 오면 망설이지 마라. 준비된 자만이 그때가 언제인지 안다. 준비된 자가 기회를 만나는 것이 성공이다.

먼저 하프타임Half time을 갖고 지금 처한 상황을 냉정하게 살펴보는 것이 필요하다. 현실에 대한 객관적 인식이야말로 변화의 출발점이다. 그런 후에 '나는 무엇으로 유명해지고 싶은가?'라는 질문을 던지고 새로운 인생을 설계해야 한다. 나의 기질, 역사, 욕망, 꿈, 재능, 철학을 찾아서 나의 언어로 정리해야 한다. 인생 전체를 조망한 후에 밥 먹고 살 길을 찾아 나서야 후회가 없다. 그러지 않으면 밥은 먹고 살지언정 인생은 초라하게 느껴진다. 그러나 대부분의 직장인들은 자기 자신을 잘 알지 못하는 게 현실이다. 주어진 일을 처리하기에 급급해 자신에게 관심을 가질 여유가 부족하기 때문이다. 진짜 나를 찾는 것이 먼저다.

남은 인생을 멋지게 살기 위해서는 특정 분야에서의 차별적 전문성이 확보되어야 한다. 이 전문성은 퇴직 후 계발되는 것이 아니라 지금 하고 있는 일을 통해 이루어져야 한다. 회사에서 적어도 3년 정도는 경력을 쌓아야 가시적인 성과를 만들어낼 수 있다. 3년이면 충분하다. 3년은 견딜 수 있는 가장 긴 시간이지만 탁월한 무언가를 만들어낼 수 있는 가장 짧은 시간이다.

아직 준비가 되지 않았다면, 지금 하고 있는 일을 접어서는 안 된다. 절실하지 않으면 떠나지 마라. 경제적, 심리적 여유가 있어서 여러 가지를 실험할 수 있다면 당장 그만둔다고 해도 나쁘지 않을 것이다. 그런 상황이 아니라면 주어진 현실을 무시할 수 없다. 먼저 자신이 살아야 한다. 옛말에 다른 사람의 옷을 얻어 입으면 그 사람의 우환을 가져야 하며, 다른 사람의 밥을 얻어먹으면 목숨을 내놔야 한다는 얘기가 있다. 그만큼 살아간다는 것은 쉽지 않은 일이다. 직장을 나와 자유롭게 일하고 싶은 사람들이 점점 많아지고 있지만 밥벌이에 대한 확신이 있는 사람은 드물다. 자유는 선택이 아니라 능력이다.

일도 바쁜데 직장에서 어떻게 준비할 수 있느냐는 반문이 있을 수 있다. 그러나 아무리 바빠도 사랑하는 사람에게는 시간을 낼 수 있는 것처럼 자신의 미래와 운을 믿고 정성을 쏟는다면 시간 확보는 가능하다. 제2의 인생 준비에 대한 우선순위를 높여야 한다.

이 책은 창업 준비 책이 아니다. 직장생활을 하면서 어떻게 스스로 미래를 개척해나갈 수 있는지에 대한 로드맵과 구체적인 조언을 담은 책이다. 회사를 떠나라고 충동하는 책이 아니다. 오히려 회사에서 차별적 전문가가 되는 방법을 말하는 책이다. 회사는 자신의 삶에 비전이 있는 열정적인 전문가를 키우고, 직원은 불확실한 미래에 대한 대안을 만들어가는 상생을 도모하자는 것이다.

지금까지 살아온 삶은 혹여나 끌려온 인생이었는지 모른다. 때가 되면 학교 가고, 직장 다니고, 결혼하고, 아이 낳고 키우고…… 의무적으로 해야 하는 숙제 같은 것이었을 수 있다.

그러나 분명 인생이란 자기답게 살다 가는 것이다. 하고 싶은 것을 위해 마음껏 쏟아붓고 가야 한다. 인생 2막은 자기 자신에게 주체적으로, 창조적으로 살아볼 기회를 제공해야 한다. 내가 다스리는 진한 인생으로 전환해야 한다. 꿈과 재능이 발휘되도록 하는 것, 밥과 행복이 공존할 수 있도록 하는 것, 이것을 실현하기 위한 구체적인 사례와 지침을 제공해주는 것, 이것이 이 책의 존재 이유다. 시계 제로의 시대에 이 책이 희망의 단서가 될 수 있기를 바란다. 지금은 사표 대신 출사표를 던질 때다.

2014년 봄
오병곤

3장 강점 위에 전문성을 키워라

: 나는 무엇으로 유명해지고 싶은가?

4장 평생을 함께할 파트너

: 어떻게 사람을 남겨야 할까?

The
Turning Point
School for 3050

어제의 나에 머물지 않으리라

: 나는 어디에 있는가?

1

애벌레가 물었다.

"어떻게 하면 나비가 되죠?"

"날기를 간절히 원하면 돼. 하나의 애벌레로 사는 것을
기꺼이 포기할 만큼 간절하게."

"그럼, 죽어야 한다는 뜻인가요?"

"음, 그렇기도 하고 아니기도 하지. 겉모습은 죽은 듯이
보여도 참모습은 여전히 살아 있단다. 삶의 모습은 바뀌
지만, 목숨이 없어지는 것은 아니야. 나비가 되어보지도
못하고 죽는 애벌레들하고는 다르단다."

— 트리나 폴러스, 《꽃들에게 희망을》 중에서

현실인식Reality이 중요하다. 100세 시대임에도 절반의 나이에 직장 문을 나서야 하는 것이 현실이다. 눈을 크게 뜨고 상황을 냉정하게 바라보자. 현실을 직시하지 않으면 근거 없는 낙관 속에 숨어 지내다가 희망이 절망으로 돌변한 모습을 마주하게 된다. 만만치 않은 현실이지만 회피하거나 나와 무관한 일로 치부하지 말고 그대로 받아들여라. 절실함은 현실을 수용해야 생긴다. 그러나 미래에 대한 믿음은 잃지 말자. 이것이 불안한 시대를 살아가는 현명한 태도다.

시시포스의 바위

쓸모없고 헛된 노동보다 더 무시무시한 벌은 없다.

- 알베르 카뮈

그리스 신화에 일과 관련된 재미있는 이야기가 있다. 시시포스와 다나오스에 관한 이야기다. 신들을 속인 죄로 시시포스는 커다란 바위를 쉼 없이 언덕 위로 밀어 올려야 하는 가혹한 형벌을 받게 된다. 시시포스가 온 힘을 다해 바위를 밀어 정상에 올려놓으면 바위는 제 무게 탓에 다시 계곡으로 떨어져 버린다. 시시포스는 다시 처음부터 밀어 올려야 하는 운명을 반복한다. 그는 '하늘 없는 공간, 깊이 없는 시간'과의 싸움을 멈출 수가 없다.

다나오스 신화에 나오는 아이깁토스와 다나오스는 쌍둥이 형제다. 아이깁토스는 여러 인종의 여인들에게서 50명의 아들을 생산하고, 다나오스는 50명의 딸들을 생산한다. 아이깁토스는 다나오스가 다스리는 지역을 탐내어, 그 지역을 뺏기 위해 50명의 아들을 50명의 딸들과 결혼시키는 계략을 꾸민

다. 이를 간파한 다나오스는 아르고스 지역으로 도망쳐 번영
을 이룬다. 그러자 50명의 아들이 끝까지 따라와 50명의 딸들
과 강제로 결혼식을 올린다. 강제로 결혼한 딸들은 다나오스
의 지시에 따라 첫날밤에 남편을 살해한다. 강제 결혼에 저항
하기 위한 선택이었지만 저승에서 딸들은 남편을 살해한 죄
로 깨진 독에 물을 붓는 형벌을 받는다. 아무리 물을 부어도,
독은 채워지지 않는다. 독의 물이 채워져야 형벌이 끝나는데,
물이 채워지지 않으니 끝날 수가 없다.

두 이야기에서 일은 가엾은 형벌로 느껴진다. 시시포스와
다나오스의 딸들을 괴롭힌 것은 세 가지다. 소모적이고 지루
한 과업, 자유의 상실, 무의미하고 헛된 일. 현대인의 삶도 시
시포스와 크게 다르지 않은 면이 있다. 아침에 일어나 밥 먹
고 출근, 일하다 점심 식사를 하고 난 후 또 일, 귀가해 저녁
식사를 하고 잠자리에 든다. 똑같은 리듬으로 월요일부터 금
요일까지 반복된다.

해럴드 래미스 감독의 영화 '사랑의 블랙홀'의 주인공 필은
취재차 조그만 도시 펑추니아에 간다. 해마다 2월 2일에 열리
는 그라운드호그 데이(Groundhog Day, 봄이 언제 오는가를 두더지로 점치는 지
방 축제)를 취재하기 위해서다. 필은 성의 없이 취재를 끝내고
마을을 떠나지만 폭설에 길이 막혀 되돌아온다. 그런데 그다
음 날부터 시간이 흐르지 않고 똑같은 하루가 반복되는 황당
한 일을 겪는다. 매일 아침 6시, 라디오에서는 똑같은 음악과

멘트가 흘러나온다. 호텔 앞에서는 거지 할아버지와 보험 외판원인 동창을 계속 만난다. 그렇게 같은 행사를 취재하고 폭설 때문에 되돌아오는 일과가 반복된다. 매일 권태로운 일상이 되풀이되면서 필은 삶의 의미 없음을 깨닫는다. 시시포스적 삶과 크게 다르지 않다. '왜 나에게 이런 일이 일어난 것일까?' 질문을 던지지만 아무도 대답해주지 않는다.

이 지긋지긋하게 거듭되는 일상에서 벗어나는 방법은 무엇일까? 필은 일상의 블랙홀을 벗어나고자 죽기를 감행한다. 욕조에 들어가 감전사를 시도하고, 칼로 찌르고, 독약을 마시고, 절벽으로 차를 몰아보기도 하지만 어김없이 아침 6시면 라디오에서 똑같은 음악과 멘트가 흘러나온다.

아, 이제 어떻게 해야 하나? 필은 펑추니아 마을을 벗어나려는 부질없는 희망을 버린다. 버티기를 시도한다. 카뮈가 말한 "부정을 부성함으로써 긍정에 이르려는 용기"를 갖는다. 무의미한 일상에 의미를 부여하기 시작한다. 전과 다르게 보험회사 직원인 친구에게 온갖 보험을 들어주고 거지 할아버지에게 맛있는 음식을 사준다. 열심히 재즈 피아노를 배워 여자 친구 리타에게 연주를 해주고 얼음으로 리타의 얼굴을 조각해준다. 이제 마을 사람들 모두가 필을 좋아하게 된다. 그런 일상이 반복되던 어느 날 아침 필은 새로운 라디오 음악과 멘트에 눈을 뜬다. 옆에는 사랑하는 리타가 누워 있다. 블랙홀을 빠져나온 것이다. 마침내 내일을 찾은 것이다.

살다 보면 막막한 사막에서 헤매는 느낌이 들 때가 있다. 시시포스처럼 매일 쓸모없고 헛된 일을 반복하며 사는 삶이 허망하고 덧없어 보이기도 한다.

그렇지만 어쩌면 삶은 무의미하기 때문에 의미가 있는 것인지 모른다. 삶 그 자체에는 의미가 없지만 우리는 그 삶에 의미를 부여할 수 있는 주체적인 존재다. 희망의 손길이 없을 때에도 무의미와 대면하는 용기를 갖는다면 스스로 구원의 길을 찾을 수 있다. '사랑의 블랙홀' 주인공 필처럼 일상적 형벌이 천형이 아님을 자각하는 순간 우리는 탈출의 실마리를 잡을 수 있다. 필은 반복되는 일상에서 의미를 찾기 시작했다. 사막이 아름다운 것은 오아시스가 있기 때문이며 오아시스는 진정으로 깨어 있을 때 발견할 수 있다.

주어진 시간을 회피하지 않고 정면으로 살아내는 것이 삶이다. 매일 온 힘을 다해 바위를 굴려 올리고 다시 떨어지는 것을 지켜보더라도 다시 굴리기를 시작하자. 불꽃같은 자유의 정신으로 온 힘을 다해 살아내자. 그리하여 그저 그렇고 지루한 현실에 조금씩 균열을 내자.

밥과 삶의 일치

사람들은 샐러리맨들의 월급을 쥐꼬리만 하다고 격하하여 말하지만 그 쥐꼬리만 한 월급으로 살아가는, 쥐꼬리처럼 모든 것을 견디고 살아내는 그네들의 삶은 얼마나 슬프고 아름다운가.

– 샐러리맨 예찬(시 〈쥐〉 중에서), 함민복

직장은 소중하다. 밥벌이를 제공한다. 우리는 매일 약속된 시간에 출근해 일정한 시간과 노동을 지불한 대가로 밥을 얻는다. 그러나 하는 일이 오직 밥벌이의 수단으로만 인식될 때 지겨움을 느낀다. 하루 중 대부분을 직장에서 보내면서 가슴 한구석이 휑한 느낌이 든다면 밥벌이만으로는 충족되지 않는 무언가가 있다는 증거다.

소설가 김훈은 밥벌이를 해야 하는 인간의 운명에 대해 광합성을 통해 밥을 먹는 식물들과는 달리 엽록소가 없기 때문이라고 분석한다. 이 결핍을 채우기 위해 스스로 몸을 놀려 밥벌이를 하는데, 문제는 종종 밥벌이를 해서 얻은 밥을 제대로 삼키지 못할 정도로 몸을 부려야 한다는 데 있다. 무거운

몸을 이끌고 출근하기 전에 맞는 아침 밥상을 보면 슬픔이 절
정에 이른다.

밥 먹는 시간은 리드미컬하게 반복된다. 밥을 먹어야 밥심
으로 일을 할 수 있다. 다이어트를 하거나 스트레스로 밥맛이
뚝 떨어질 때 말고는 먹어야 하는 게 밥이다. 내가 먹지 않아
도 식구들 입의 풀칠은 챙겨야 한다. 문상을 가서도, 병문안
을 가서도 챙겨야 하는 게 밥이다. 잠시 슬픔을 밀어놓고 삼
켜야 하는 게 밥이다. 도리가 없다.

몇 년 전 30대 젊은 여류 작가가 생활고에 시달리다 생을
마감한 소식이 전해졌다. 그는 며칠째 굶은 상태에서 이웃에
게 도움을 요청하는 쪽지를 남겼다. "죄송해서 몇 번을 망설
였는데…… 저 쌀이나 김치를 조금만 더 얻을 수 없을까요.
번번이 정말 죄송합니다." 이 기사를 읽는 순간 지독한 생활
고에 시달렸을 그의 모습이 떠올랐다. 밥은 누구나 먹어야 하
지만 제 목구멍으로 넘어가는 밥만이 배고픔을 채워줄 수 있
다. 밥은 보편적이면서 개별적인 것이다.

이제 밥은 예전처럼 자연에 있지 않고 사람들 사이에서 굴
러다닌다. 내 밥, 네 밥이 뒤엉켜 있다. 치열한 경쟁을 무릅쓰
고 내 밥을 확보해야 한다. 그러니 밥벌이가 기분 좋을 리 없
다. 밥벌이를 할수록 소외감을 느낀다.

그러나 밥에는 슬픔과 지겨움만 있는 것이 아니다. 밥에는
진지함과 각별함이 담겨 있다. '밥 먹었니?'보다 더 절절한

인사도 없고 '언제 밥 한번 먹자'라는 말보다 살가운 약속도 없다. 신화학자 조셉 캠벨은 "삶은 죽어서 먹음으로써 남을 죽이고, 자신을 달처럼 거듭나게 함으로써 살아지는 것"이라고 말했다. 한때는 살아 있던 것의 죽음을 먹음으로써 삶이 영위된다는 뜻이다. 죽음을 먹는 것이 밥이니 진지할 수밖에 없다. 일용할 양식에 감사하고 힘껏 살아가야 한다.

물론 밥벌이는 삶의 전부가 아니다. 삶의 목표를 이루어가는 과정에서 당연히 존재할 뿐, 마지막 목표는 아니다. 인생 후반부에 들어서도 밥벌이에만 전전긍긍한다면 언제 삶을 즐기고 찬양한단 말인가? 내가 좋아하는 일을 찾아서 그 일을 아주 잘하게 되어 밥을 먹고 살고 정신적 기쁨을 느낄 수 있도록 밥과 삶을 일치시켜야 한다.

일에서 인생의 행복을 맛보려면 두 가지 단계의 변화가 필요하다. 먼저 일을 대하는 긍정적이고 적극적인 태도다. 어느 날 나는 볼일이 있어 종로에서 택시를 탔다. "즐거운 하루 되세요. 어디로 모실까요?" 기사분의 목소리가 예사롭지 않았다. 목적지로 가면서 나는 요즘 벌이가 어떠냐고 물었다.

"그럭저럭 살 만합니다. 두 아이들도 다 컸고요. 회사에 불만이 없지는 않지만 나이 오십 넘은 사람 받아주는 곳도 거의 없어서 저는 감사하게 생각합니다. 월급 150만 원이면 두 식구 먹고살 만합니다."

꽤 많은 이야기가 오갔고 나는 기분이 좋아졌다. 행복은 원하는 바를 얻었을 때 충족되는 것이 아니라 갖고 있는 것에 감사하는 마음에서 비롯된다. 직장은 생계를 위해 어쩔 수 없이 다니는 곳이 아니라 실험하고, 부딪치고, 만나고, 이야기를 나누며 배우는 곳이라는 인식 전환이 필요하다. 배움의 현장인데 월급까지 받는다면 일거양득 아닌가. 이런 인식 전환에 성공하면 1단계는 통과한 것이다.

그러나 일과 인생에 대한 태도가 달라졌다고 해서 내 주위의 상황이 나아진 것은 없다. 경제적 여건은 특히 그렇다. 앞으로 무엇을 하며 살아야 하는지는 해결되지 않았다. 여기서 한 단계 더 도약해야 한다. 자신이 하고 싶고 잘할 수 있는 일로 평생직업을 만들어가는 것이다. 물론 하루아침에 되는 일이 아니다. 지금 하는 일에서 무엇이 특히 흥미를 끄는지 찾고 이것저것 실험해보고 잘할 수 있는 방식을 계속 고민해야 천직을 찾아낼 수 있다.

일은 경제적 수단을 넘어 즐거움의 차원으로 올라서야 한다. 밥 딜런의 노래처럼 아침에 일어나서 저녁에 잠들고 그 사이에 자신이 하고 싶은 일을 하는 사람이 행복하다. 매일 좋아하고 잘하는 일을 하며 그 일로 밥을 먹고 즐겁게 사는 것. 나는 인생 후반기의 직업관은 이와 같이 되어야 한다고 믿는다.

바쁘다는 말에 대하여

바쁜 너는 무섭다

바쁜 너는 성난 사람처럼 보인다

너는 땅을 팍팍 걷어차며 걸어간다

너는 발가락과 뒤꿈치와 종아리의 힘줄과 무릎뼈에게 감사
할 겨를이 없다

너는 '급한 일이니 힘들겠지만 같이 좀 애써다오' 하고 다리
에게 발에게 신발에게 땅에게 바람에게 부탁할 틈이 없다

오식 너는 바쁘고 바쁜 너는 무섭다

– 김사인, 〈부시, 바쁜〉 중에서

많은 직장인의 하루는 "바쁘다"로 시작해서 "피곤해"로 끝
난다. "요즘 어떻게 지내?" 물으면 "바빠, 힘들어, 피곤해" 세
가지 중 하나의 대답이 돌아온다. 바쁘게 살기 때문에 힘들고
피곤하다. 문제는 얼마나 바빴느냐보다 무엇 때문에 바빴느
냐다. 바쁘다는 말을 입에 달고 사는 사람치고 성과가 좋은
사람은 별로 없다. 바쁘다는 사람치고 중요하고 도전적인 일

에 관심을 갖는 사람도 별로 없다. 어쩌면 그는 '바쁨' 자체만 은근히 즐기고 있는지도 모른다.

그동안 바쁨이 미덕인 사회에 살았다. 바쁘다는 것이 유능함을 보여주는 증거라고 여겨지기도 했다. 그러나 그것은 착각이다. 바쁘다고 생각하는 순간 우리 뇌는 비상상태가 된다. 마음을 급하고 혼란스럽게 만든다. 엘리베이터 한 번 놓쳤다고 세상이 달라지는 것은 아니다. 바쁘다는 것은 패스트푸드와 같다. 빠르다는 것 말고는 장점이 없을뿐더러 몸을 상하게 한다. 바쁨은 본래 허망한 것이다. 바쁠 망(忙) 자는 마음(心)이 없음(亡)을 뜻하는 것으로 마음이 머물지 못하는 상태를 말한다. 진심 없이 그저 주어지는 대로 살아가는 삶의 모습이다.

어느 순간 나는 절대 바쁘다는 핑계를 대지 않기로 했다. 바쁘다는 것을 구실로 삼기 전에 먼저 시간을 어떻게 사용하고 있는지 살펴야 한다. 변명 중에 가장 어리석고 못난 변명이 '시간이 없어서'라는 말이다. 시간이 없다고 불평하면서도 마치 시간이 무한정 있는 것처럼 행동한다. 맹자는 "시간이 없어서 책을 못 읽는 사람은 시간이 있어도 여전히 책을 읽지 못한다"라고 말한다. 인생의 우선순위를 어디에 두느냐가 중요하다.

어떤 사람은 너무 바빠 보여서 일 외에는 아무것도 못할 것 같은데도, 입에 '바쁘다'를 달고 사는 사람에 비해 오히려 더 여유가 있고 대인관계도 좋다. 참으로 아이러니하다. 왜 그럴까? 시간은 누구에게나 공평하게 매일 똑같은 양이 주어지는데 왜 이 사람은 남보다 더 많은 시간이 있는 것처럼 느껴지는 걸까? 그것은 '저마다의 시간' 때문이다. 카이로스Kairos라는 주관적이며 질적이며 심리적인 시간 때문이다. 물리적인 시간은 누구에게나 똑같이 주어지지만 그 시간을 어떻게 인식하고 체험하느냐는 저마다 다르다. 미하엘 엔데의 동화《모모》에서 시간의 주재자 호라 박사는 모모에게 이렇게 말한다.

"시간은 참된 소유자를 떠나면 죽은 시간이 되고 말아. 모든 사람들은 저마다 자신의 시간을 갖고 있기 때문이지."

《잃어버린 시간을 찾아서》의 저자 프로스트 또한 이렇게 말한다.

"우리는 우리가 경험했던 시간 외에 다른 시간은 갖고 있지 않다. 그래서 이 시간이 무너지는 날, 우리도 그와 함께 무너신다."

우리에게 주어지는 하루는 늘 똑같이 24시간이지만 그 시간을 사소한 것으로 채울지, 가치가 있는 것으로 채울지는 각자 결정한다. 따라서 우리가 관리해야 하는 대상은 시간이 아니라 우리 자신이다.

시간이 나를 이끄는 것이 아니고 내가 시간을 이끈다. 내가 없으면 시간은 없다. 내 마음대로 쓸 수 있는 시간이 없다면, 그것은 속박된 삶이다. 그때의 하루는 흘러가지 않고 매일의 반복일 뿐이다. 자유롭다는 것은 내 시간을 내 마음대로 쓸 수 있다는 뜻이다.

일상에서 시간의 주인이 되기 위해서는 하루를 잡다한 일로 채우지 말아야 한다. 쓸데없는 약속을 잡지 말고 중요한 한두 가지 일에 집중해야 한다. 카르페 디엠Carpe Diem, 즉 지금 여기가 중요하다는 정신으로 살려고 애써야 한다. 카르페 디엠은 그저 현재를 즐기라는 쾌락적인 의미가 아니라 현재를 놓치지 말고 충실히 살라는 말에 가깝다. 시인 박노해의 말이다.

> 과거를 팔아 오늘을 살지 말 것
> 현실이 미래를 잡아먹지 말 것
> 미래를 말하며 과거를 묻어버리거나
> 미래를 내세워 오늘 할 일을 흐리지 말 것

단지 '현재를 즐기는' 것이 아니라, 현재에 몰입해 그 속에서 자신을 훨훨 불태우는 것이다. 현재가 고통이라면 그 고통 속에 몰입해 거기서 희열을 찾아내는 것이 카르페 디엠이다.

군대 시절 행군하던 때가 떠오른다. 완전군장을 하고 수십 킬로미터를 걸었다. 눈물 없이는 넘어가기 힘들다는 지옥의 깔딱 고개를 눈앞에 두고 조교가 한 말이 지금도 생각난다.

"저 고개를 보고 걷지 마라. 그러면 힘들어서 넘어갈 수 없다. 바로 지금 내딛는 발걸음에 집중하고 다음에 내쉴 호흡만 생각해라. 그렇게 한 걸음씩 가다 보면 어느새 고개를 넘어가고 있는 자신의 모습을 보게 될 것이다."

과거는 이미 지났고 미래는 아직 오지 않았다. 오직 지금 이 순간이 우리에게 주어진 선물이다. 내일을 위하여 오늘을 저축하는 것은 어리석은 일이다. 오늘이라는 지금 이 시간을 충실히 사용하지 않으면 내일이라는 시간은 주어지지 않는다. 오늘 이 시간을 자기 것으로 만들어야 내일도 자기 것으로 만들 수 있다. 시간은 시간으로 존재하지 않고 지금 저마다의 노력의 결실로 존재한다. "인생을 낭비한 자, 유죄." 영화 '빠삐용'에서 준엄하게 꾸짖는 이 대사는 저마다 주어진 시간의 소중함을 깨닫게 한다.

삶의 목적은 바쁨이 아니라 가슴 뛰고 의미 있는 저마다의 시간을 채우는 것이다.

내면적 자기 퇴직

인간은 두 가지 이유로 노동한다. 하나는 임금을 위해서, 그리고 하나는 일자리를 잃을까 봐 두려워서다.

— 스튜어트 크레이너

철학자 키에르케고르는 군중 속에 묻혀 있는 개인의 비참한 처지를 러시아 농노의 취주악대(관악대)에 비유했다. 20인의 악사가 도, 레, 미 등 저마다 고유한 소리 하나만을 냈으므로 이들 악사는 각자에게 배당된 음으로 불린다. 그래서 이들이 지나가면 구경꾼들은 저기 어느 지주의 '도'가 지나간다, '미'가 지나간다고 말한다. 이들 악사는 맡은 소리음계 이상도 이하도 아니다. 오늘날의 직장인도 비슷한 면이 있다. 속해 있는 조직의 한 부분으로서만 존재가치를 인정받는다. 분업화가 고도화하면서 전체 속에서 내 일이 차지하는 의미를 알기가 어려워진다. 정신을 지닌 인간이 조직의 부품 이상의 의미를 갖지 못하는 것이다. 부품은 낡거나 고장이 나면 버리거나 다른 부품으로 교체하면 된다.

더욱이 다른 사람을 위해 일할 때, 즉 고용되어 일할 때는 '고된 일'과 '더 나은 삶'을 동일시하기가 더 어렵다. 다른 사람을 위해 일함으로써 우리는 이미 자신의 힘에 대한 통제권을 포기해야 하기 때문이다. 이로써 각자의 개성은 무시되고 자기의식은 질식 상태가 된다. 그저 대체적으로 무난한, 평균화된 인간만 양산되며 인간의 소외는 가속화된다.

소외 현상을 방치한 채 조직 내에서 참는 행위가 만성화되면 치명적인 문제가 생긴다. 처음에는 '어서 이 순간이 지나가면 좋겠는데……'라는 마음으로 참지만 마치 화병처럼 병을 키우는 결과를 가져온다. 참고 있을 때 자기의식이 깨어 있기는 어렵다. 창문을 굳게 닫고 점점 세상으로부터 고립되어간다. 무슨 일이든 참을 수 있다는 것은 역설적으로 무슨 일이라도 할 수 있다는 말이 되기도 한다. 점점 시한폭탄 같은 사람처럼 변해간다.

살아남기 위해 참다 보면 오로지 일하는 기계만 있을 뿐 인간은 없다. 여기에 치열한 경쟁의 압박까지 더해지면 인간이 비집고 끼어들 자리는 보이지 않는다. 이런 환경에서 진정한 인간관계가 싹트기는 불가능하다. 진정성 있는 관계는 뒷전이고 형식적이고 메마른 인간관계만 주위를 에워싼다. 오랜 직장생활을 했지만 기억나는 노동의 추억은 거의 없다. 외면하고 싶은 고통의 순간을 참다 보니 기억이 남아 있을 리 없다. 상실의 세월만 켜켜이 쌓여간다.

IMF 이후 라인하르트 휜이 말하는 '직장인의 내면적 자기 퇴직'이 급속하게 늘어나고 있다. 한 통계에 따르면 적어도 국내 직장인의 절반 이상이 내면적 자기 퇴직의 경험을 하고 있다고 한다. 회사에서 하루의 절반 이상을 보내면서 지시에 따라 시키는 일만 한다. 특별하게 노력하지도 않는다. 퇴근 후에야 진정한 인생의 의미가 시작된다. 직장 밖에서 마음을 달래줄 대안을 찾아다닌다. 술집, 노래방, 골프장에는 자유의 물결이 넘실댄다. 살길을 찾아 증권가, 창업지원센터를 배회하기도 한다. 그러나 직장 밖의 충전과 방황이 본질적인 고민을 해소해주지는 못한다. 휴일이 저물어갈 때의 씁쓸하고 허전한 기분, 느껴본 사람은 알 것이다. 당신은 '주말을 위해' 사는가, '주말 동안만' 사는가?

자본주의 사회에서 직장인으로 생존하려면 자기를 고용한 이의 목적 달성을 위한 수단으로서 살아갈 수밖에 없다. 주체가 되지 못하고 누구의 수단이 된다는 것, 여기서 근본적인 인간의 소외가 발생한다. 나는 괜찮겠지, 라고 생각한다면 착각이다. 지금은 극히 일부의 '예외'적인 사람만 탈락하고 망하는 시대가 아니다. 대부분의 사람이 언제든 예외가 되어버리는 시대다. 그렇다고 회피해서는 결코 문제를 해결할 수 없다. 모든 순간을 내 순간으로 긍정하고 처한 환경에 비판적 태도를 지녀야 한다. 어떤 문제를 내 문제로 받아들이는 순간 책임 있는 인간으로 존재할 수 있다.

회사를
떠나기
3년 전

　인간은 누구나 본질적으로 자기다움을 원한다. 인간의 본래적 자아에는 개별성과 주체성이 포함되어 있기 때문이다. 개성 있는 인간으로 살아가고 싶다면 먼저 자신만의 호흡과 여유가 있어야 한다. 다른 사람이 내 인생을 위해 무언가를 해주기를 바라는 것은 지나친 기대다. 모든 불행은 자기를 돌보지 못해서 시작된다. 자기다움의 회복이 소외의 진정한 극복이다. 무조건 살아남기가 아닌 무엇으로 살아남느냐를 먼저 생각해야 한다.

감정의 뒷면

> 고통스러운 감정은 우리가 그것을 명확하고 확실하게 묘사하는 순간에 고통이기를 멈춘다.
>
> — 스피노자

어느 날 나는 콜센터 상담원으로부터 한 통의 전화를 받았다.

"저, 오늘 너무 힘들어서 그런데 그냥 제 얘기 좀 들어주시면 안 될까요? 절대 상품 광고 안 할게요. 저는요, 상담일 한 지 6개월 됐고요……."

그녀는 약 20분가량 이야기했고 나는 중간 중간 간간이 "네"라고 대답했다. 아마 오늘 실적이 나쁘다고 상사로부터 호된 꾸지람을 들었을 것이고, 전화통을 붙잡고 있지만 도무지 일을 하고 싶은 기분이 아니었던 모양이다. 오죽 힘들었으면 생면부지의 낯선 상대에게 미주알고주알 자기 이야기를 하고 싶었을까.

은행 창구의 젊은 여직원이 고객을 응대하던 중에 심한 말을 들었다. "아니, 뭐 이렇게 꾸물거려? 이 X 같은 년, 회칼로 확 떠버리겠다"며 소란을 피웠다. 그런데 지점장은 오히려 여직원에게 손님께 사과를 드리라고 명령한다. 이럴 때 직원의 심정은 어떨까?

산업화 이후, 제품과 서비스를 제공하는 주체와 소비하는 주체가 불일치되면서 인간의 감정이 일로부터 분리되고 소외되었고 일을 하는 동안 감정을 다스려야 하는 시대가 되었다. 특히 서비스업에 종사하는 사람들은 실제 감정을 드러낼 수 없기에 자신이 제공하는 서비스로부터 더욱더 소외감을 느낀다.

직장생활을 하면서 제일 먼저 배우는 것 중 하나가 감정을 통제하는 것이다. 조직에서 하고 싶은 말 다 하고 지낼 수는 없다고 생각하기 때문이다. 맞는 말이다. 있는 그대로 감정을 폭발시키는 것은 사신에게나 타인에게나 좋은 일이 아니다. 그러나 이런 이유가 아니라 조직에서 오래 살아남기 위해 감정을 숨기며 생활하는 것이 문제다.

비행기를 탈 때면 승무원들의 한결같이 친절한 미소가 경이롭기까지 하다. '어떤 경우에도 친절한 미소로 대하려면 스트레스가 적지 않을 텐데 투철한 사명감인가, 아니면 무감각해져 그런가?' 궁금해지기도 한다. 그들의 속마음은 이럴지도 모른다. '고객님, 제가 웃고 있어도 웃는 게 아닙니다.'

구조조정을 겪은 후 회사에 남은 사람들은 어떤 반응에도

무감각해지는 쪽으로 변해간다는 연구 결과가 있다. 처음에
는 살아남은 것에 대한 미안함, 일에 대한 압박감 등을 느끼
지만 차츰 억울한 일에도 화내지 않고, 슬픈 일이 있어도 그
러려니 하고, 기쁜 일이 있어도 무덤덤하게 변해간다고 한다.

감정을 드러내지 않는 것은 남자들에게서 두드러진다. 감
정을 드러내면 나약하다거나 적어도 점잖지 못한 사람이라는
평가를 받게 될까 봐 두려워해서다. 하지만 이제 남성들도 방
전된 감성을 충전해야 한다. 자신이 감성적으로 변해가는 것
을 좋은 징조로 받아들여야 한다.

감정은 이성으로 통제받아야 하는 원시적인 충동이 아니
다. 인간의 의식을 높은 수준에 이르게 하는 뇌 기능의 중요
한 부분이다. 감정을 억압하면 그 감정은 우리 내면 깊숙이
숨어 있다가 어떤 상황이 생길 때 왜곡되어 표출될 수 있다.

억눌린 감정을 건강하게 표현할 수 있고 온전히 느낄 수 있
는 사회가 건강한 사회다. 그러니 자신만의 감성 충전법을 개
발해야 한다. 어찌 보면 우리가 하는 일의 대부분은 감성 또는
기분을 관리하는 일이다. 휴식을 하거나 책이나 영화를 보거
나 친구들을 만나거나 혼자 명상의 시간을 보내거나 글을 쓰
며 자신의 감정과 제대로 마주할 수 있는 시간을 가져보자.

감정은 의미의 산물이다. 의미 부여가 달라지면 감정도 달
라진다. 그동안은 지금 느끼는 부정적인 감정에서 벗어나려
면 그 감정을 야기한 상황과 조건을 제거해야 한다고 판단하

는 것이 익숙한 방법이었다. 지금 이 회사에서 느끼는 불안과 분노는 다른 직장을 찾으면 해결된다고 믿었다. 실직 상태에서의 불안과 좌절감은 다시 직장을 구하면 없어진다고 믿었다. 그러나 감정은 그 자체로 관리될 수 있어야 한다. 문제가 사라지는 것이 아니라 대상이 바뀔 뿐이며 바로잡는 방법 또한 내 뜻대로 되는 것이 아니다. 어차피 떠나간 연인은 돌아오지 않고 나를 해고한 회사는 나를 다시 불러주지 않는다. 상황이 바뀌지 않아도 부정적 감정을 긍정적 감정으로 바꿀 수 있어야 한다. 지금 느끼는 이 감정에서 한 발짝 떨어져서 객관적으로 마주하면 그 감정으로부터 자유로울 수 있다.

감정일기를 쓰는 것도 좋은 방법이다. 하루를 되돌아보며 인상적인 사건 한 가지를 시작부터 끝까지 간단하게 묘사한다 (역사). 그 사건에 대해 내가 어떤 감정을 느꼈는지 솔직하게 기술하고(문학), 왜 그런 감정을 느꼈는지를 곰곰이 생각한 후에 적어본다(철학). 마지막으로 같은 일이 훗날 다시 찾아왔을 때 어떻게 행동할 것인지를 기록한다(경영). 감정일기를 쓰면 감정이 재해석을 통해 적절히 관리될 수 있음을 알게 될 것이다.

감정 관리가 마음대로 되지 않을 때는 자신만의 성소를 발견하여 찾아가자. 성소는 고향과 같다. 근원적인 공간이다. 나는 산을 찾는다. 홀로 산에 오르면 현실을 벗어나 어릴 적 놀던 동네를 찾아가는 기분이 든다. 성당이나 절, 교회도 좋다. 자연과 종교적인 장소는 본래 성스럽다. 성스러움의 체험은 삶의 희열을 느끼게 한다.

　감정은 생명을 지닌 존재만이 느낄 수 있는 최고의 선물이
자, 자신을 더 잘 이해할 수 있게 해주는 훌륭한 도우미다. 때
로 외롭거나 슬프더라도 우리는 감정을 담아낼 수 있는 고귀
한 존재라는 사실을 잊지 말자. 감정을 자유롭게 하자. 내 감
정에 날개를 달아주자. 나 자신을 달래는 기술이 기본적인 삶
의 기술이다. 순간순간 건강하게 감정을 느끼고 소통시키면
따뜻한 마음으로 살아갈 수 있다.

두 번째 청춘을 위한 6가지 미덕

40대는 사회적 폐기물이 된 자신을 구해내어 빛나는 삶으로 창조하는 시간이다. 인생에서 가장 드라마틱한 반전이 가능한 시기다. 어쩌면 반전만이 이 시기를 사는 교훈일지 모른다. 전환과 변곡, 이 두 단어야말로 40대를 묘사하는 가장 적합한 언어다.

– 구본형

꿈을 꾸었나. 서대한 쓰나미가 몰려왔다. 지구 죄후의 날이 온 것처럼, 나를 송두리째 집어삼킬 것 같은 무시무시한 파도와 함께 마흔은 시작되었다. 쓰나미를 피하기 위해 쏜살같이 산으로 뛰었다. 파도가 턱 밑까지 차올랐다. 간신히 숨을 쉴 수 있는 공간으로 피신했다. 그 후로도 같은 꿈이 수차례 반복되었고 식은땀을 흘리며 꿈에서 깨어났다. 나중에 깨달았지만 마흔에 겪게 될 통과의례를 상징하는 꿈인 듯했다. 그러나 당시 나는 그 꿈이 의미하는 바를 전혀 알아차리지 못했다.

마흔이 되던 그해, 연초부터 회사는 구조조정을 시작했다.

직원들은 앞이 보이지 않는 안개 속에서 길을 잃고 우울의 늪으로 빠져들었다. 공황상태가 계속되었고 이 와중에 말로 표현할 수 없을 정도로 커다란 아픔을 겪기도 했다. 결국 십 년 넘게 다니던 회사를 내 발로 걸어 나와야 했다. 엄청난 충격이었다. 그러나 이것은 질풍노도의 서막이었다. 새로운 회사에서도 적응은 쉽지 않았다. 알 수 없는 불안이 그림자처럼 계속 쫓아다녔다. 마흔을 유혹에 흔들림 없는 불혹이라고 하지만 나는 그렇지 않았다. 어두운 터널을 지나는 것 같기도 하고, 롤러코스터를 탄 것처럼 상승과 하강을 반복했다. 갓길 없는 도로를 무작정 달리는 기분이었고, 인생의 허허로움에 열병을 앓았다.

평균수명이 급속하게 늘어나고 있는 추세에 비추면 중년은 인생의 황혼이 아니라 인생의 반을 지나는 시기임이 분명하다. 그러나 실제 사정을 들여다보면 절정기라기보다는 쇠락기에 가깝다. 마흔이 넘으면 경제적인 측면에서 감가상각이 가속화된다. 불안한 고용구조 속에서 오랫동안 일을 놓으면 안 된다는 절박함이 엄습한다. 사회 현실에서의 마흔은 화사하게 피어나는 시기가 아니라 희미한 옛사랑의 그림자처럼 어둑하게 사라져가는 시절이 돼버렸다. 그래서 잊히는 존재가 되지 않기 위해 당나귀처럼 더 열심히 일에 매달리고 중독되는지 모른다. 뭐 하나 이루어놓은 게 없는 나이를 실감하는 나이가 마흔이다.

세계보건기구WHO의 국가별 남녀 사망률 자료를 보면 어느 나라든 예외 없이 남성이 여성보다 사망률이 훨씬 높다. 특히 20대와 30대에서는 남성이 여성의 무려 세 배에 달한다. 그러다가 40대에 접어들면서 점차 비슷해진다. 그런데 유일하게 40대에 들어서도 남성 사망률이 하늘 높은 줄 모르고 치솟는 나라가 한 곳 있다. 바로 우리나라다. 비단 사망률의 상승을 떠나 실제 살아가는 삶의 모습은 어떤가? 정유성 교수는 40대 직장남성을 심층 인터뷰한 후 '영혼의 노숙'이라는 보고서를 썼다. 영혼의 노숙! 이 얼마나 비감한 표현인가? 집에서 잠을 자고 있어도 40대의 영혼은 길거리를 배회하고 있다. 생각보다 40대 남성의 현실은 참담하고, 자기 인식이 비루하다고 보고서는 평했다.

40대는 고단하고 힘들다. 하지만 무엇보다 40대를 힘들게 하는 것은 그동안 의무적으로 살아온 삶의 궤적을 돌아보면서 느끼는 자신만의 세계가 없다는 부끄러움이다. 그래서 앞으로 살아가야 할 날들이 불안하고 자신이 없다. 40대는 더 늦기 전에 모든 것을 걸고 변화해야 하고 전환에 성공해야 한다. 한때는 막연하게 40대를 그저 인생 2막이 시작되는 시기라고 생각했었다. 한 번의 기회를 더 모색하기 위한 그런 때인 줄 알았다. 그러나 지나고 보니 그때야말로 인생 후반부 삶의 질을 좌우할 결정적 시기다. 마흔은 주체적으로 살지 못하고 수동적으로 타인의 삶을 따라 했던 상실의 시대를 회복할 수 있는 최선의 기회다. 모든 것을 걸어 변화를 꾀해야 할 분수령이다. 어느 시인의 표현대로 개울을 흘러 마침내 폭포처럼 수직으로 강하할 수 있는 정신이 필요하다.

인생이라는 개울을 따라 천천히 흘러가다 마흔이 되면 어느덧 넓은 강 하류로 나가기 위한 관문을 만난다. 폭포가 눈앞에 다가온다. 점점 물살은 급해지고 저마다 폭포로 떨어지지 않기 위해 필사적으로 버둥거린다. 지푸라기 하나라도 잡으려 하지만 결국 힘이 빠지고 떠밀려 내려갈 수밖에 없다. 시인은 묻는다. 어차피 떠내려갈 운명이라면 담담하게 물결의 흐름을 따라 수직으로 떨어질 수 있느냐? 이것이 마흔의 태도다.

수직낙하는 단순한 변화가 아니다. 내 삶을 주체적으로, 창조적으로 바꾸는 일생일대의 프로젝트다. 당연히 혼돈과 방황이 시작된다. 그러나 이것은 창조적 변화를 위한 모색이다.

링컨은 마흔이 넘으면 자기 얼굴에 책임을 져야 한다고 했는데 그 말은 살아온 삶으로 평가받기 시작할 때라는 뜻이다. 마흔 이전에 자신의 천복天福을 찾고 성취를 이루어낸다면 좋겠지만 마흔이 되어서도 자기만의 세계를 구축하기는 쉽지 않다. 마흔을 잘 보내는 미덕은 무엇일까?

첫째, 인생의 터닝 포인트를 찾아라. 30대가 외적인 성취가 중요한 시기였다면 마흔은 내적인 여행이 시작되는 시기다. 내면의 목소리에 귀를 기울여라. 기질과 강점을 찾고 거기에 맞게 행동하라. 진짜 자기 삶을 살 수 있도록 담금질하고 변화를 꾀하라.

둘째, 과거를 그리워하거나 거기에 머물지 마라. 현재가 힘들고 자신 없다 하여 과거로 숨지 마라. 오늘 내세울 것이 없는 사람이 '왕년에'를 찾는다. 자신의 가능성을 믿고 몰두하자.

셋째, 위로와 도움을 받을 수 있는 사람을 구하라. 시련은 사람을 강하게 하지만 위로를 줄 수는 없다. 어려울 때 함께하고 힘이 되어주는 한 사람만 있어도 무너지지 않는다.

넷째, 평생학습을 지향하라. 배움에는 끝이 없다. 전문가라고 하면 평생 배울 수 있는 자세를 갖춰야 한다. 마흔은 인생의 황혼이 아니라 절정이다. '이 나이에'라는 자조는 늙음을 재촉한다. 겸허한 자세로 배운다면 충분히 인생을 즐길 수 있다.

다섯째, 삶을 사랑하라. 삶은 물끄러미 바라보는 대상이 아니다. 삶은 살아가는 것이다. 세상 다 산 듯 관망하지 마라. 삶은 그리스인 조르바처럼 뜨겁게 살아가는 것이다. 지금 여기에 살아 있음을 느껴라.

여섯째, 조화와 균형을 추구하라. 마흔이 되면 인생의 이치를 어렴풋이 이해하게 된다. 슬픔이 있어야 기쁨이 있다는 것을 알게 되고 젊음의 마법을 떠나보내야 하는 시기임을 깨닫게 된다. 그래서 마지막 젊음을 불태우고 싶어 하는 때이기도하다. 마흔 이전의 삶이 정해진 룰을 따라 피동적으로 흘러온시간이었다면 마흔은 자유의 물결로 넘실댄다. 그러나 당신의 현실은 이미 단단하다. 현실을 넘어 자유를 추구하는 것은 견디기 힘든 고통을 불러올 것이고 현실은 무너질 것이다. 현실과 자유의 균형, 일과 삶의 균형이 중요한 시기가 마흔이다.

공자는 마흔에 "세상일에 정신을 빼앗겨 갈팡질팡하거나 판단을 흐리는 일이 없게 되었다"는 '불혹不惑'의 경지에 이르렀다고 했다.

물론 많은 이들에게 마흔은 작은 바람에도 흔들리는 미혹의 시기이지만 견딤과 또 다른 도약을 이루어낸다면 아주 매력적으로 변화할 수 있는 딱 좋은 시절이다. 때때로 어두운 시절이 있을 수 있으나 그때를 어떻게 넘어섰느냐가 사람의 크기를 결정한다. 인생을 다시 시작하게 하는 힘을 가지시길. 그리하여 인생을 빛나게 하시길.

작심

깨달음을 찾으려는 자라면 마치 머리에 불붙은 사람이 연못을 찾는 것과 같은 간절함이 반드시 있어야만 한다.

－ 라마크리슈나

소리꾼 장사익의 노래를 처음 들은 날의 기억이 생생하다.

"하얀 꽃 찔레꽃/순박한 꽃 찔레꽃/별처럼 슬픈 찔레꽃/달처럼 서러운 찔레꽃/찔레꽃 향기는 너무 슬퍼요/그래서 울었지/목 놓아 울었지"

온몸에 소름이 돋을 정도로 가슴을 파고들었다. 설명하기 힘든 묘한 울림이 있었다. 그의 노래를 들을 때마다 한국인이라는 DNA의 동질감을 느끼며 가슴이 후련해진다. 그는 결코 목소리로 노래하지 않는다. 판소리도 아니고 클래식도 아니고 그렇다고 록Rock도 아닌 정체불명의 장르가 심금을 울리는 것은 노래에 인생이 녹아 있기 때문이다.

"마음이 세상에 나오면 노래가 된다는 말이 있다. 나는 내 노래에 나를 담았을 뿐이다. 특별한 음악세계랄 것이 없다."

어머니가 세상을 떴을 때 그는 상주임에도 '비 내리는 고모
령'을 불렀다.

장사익은 충청도에서 농부의 아들로 태어났지만 고단한 살
림살이로 인해 서울에 올라와 보험사 영업사원, 노점상, 카센
터 직원, 주차대행요원 등을 전전했다. 그리고 남들이 은퇴할
나이인 46세에 소리꾼으로 데뷔했다. 어느 신문 인터뷰에서
그는 데뷔하게 된 사연을 이렇게 소개했다.

"카센터에서 주차 일을 하면서 지내다 마지막으로 스스로
에게 물어보았지요. 여태까지 진정으로 노력하면서 살아왔는
가? 죽을힘을 다해 살지는 않은 것 같았어요. 앞으로 얼마나
살지 모르겠는데, 돈에 연연하지 않고 평소에 꿈꾸었던 삶을
딱 3년만 죽을 각오로 살아보자, 이렇게 작심한 거지요. 그래
서 태평소를 배웠어요. 시켜만 주면 열심히 하겠다고 부탁해
친구 사물놀이패에 들어가 정말 죽을 둥 살 둥 열심히 했어
요. 그렇게 살다 보니 어디선가 감춰져 있던 노래가 터져 나
오는 겁니다. 어느 날 보니 골목길에 장미가 피어 있는데, 그
화려한 장미가 아니라 장미 밑에 감춰진 하얀 찔레꽃에서 향
기가 퍼져 나옵디다. 그 향기에 울어버렸어요. 아, 이게 나구
나, 늘 세상의 주변에서 쭈뼛쭈뼛 눈치나 보면서 사는 가련한
사람들이 저 찔레꽃이구나, 그들이 세상에 향기를 주는구
나……."

그가 노래를 부르게 된 사연을 읽다가 가슴이 뜨거워졌다.

아, 절실함이 그를 찔레꽃처럼 만들었구나. 그는 그저 그런 일상의 지겨움을 견딜 수 없어 마지막이라는 각오로 자신이 원하는 삶을 살기 위해 지금까지와는 전혀 다른 길을 선택했다. 슬프게도 사람은 고독의 밑바닥을 치고 나서야 올라선다. 절실함으로 작심을 하는 것, 이것이 자기다운 세상으로 나가는 출발점이다.

무한 경쟁과 승자 독식, 양극화, 고용 없는 성장jobless growth이 지속되면서 힘들어하는 이들이 많아지고 있다. 이 어려움이 꽤 오래갈 것 같은 분위기다. 나이 마흔을 넘은 직장인이면 이제 누구나 실업의 경계에 서 있고 머지않아 직장을 떠날 수밖에 없는 시대가 되었다. 다들 어떻게든 오래 살아남아야 한다고 말한다. 그러나 살아남는 게 인생의 목적은 아닐 것이다. 어려울수록 인생의 진정한 목적과 의미를 찾아야 한다. 내가 잘할 수 있고 또 하고 싶은 일이 무엇인지 그 진기한 조합의 숙제를 풀어내 나머지 인생을 자기답게 살겠다고 약속해야 한다. 그리고 굳은 결심을 하고 자기에게 주어진 길을 향해 떠나야 한다.

지금 이 어려운 상황에 대한 받아들임이 이제는 내 뜻대로 제대로 살아보겠다는 절실함을 만들어낸다. 어려워야 벗어나고 싶어 한다. 그래서 진정한 변화는 불행을 인식한 사람들의 이야기인지 모른다. 절실함이야말로 '지금' 변화할 수 있는 원동력이다. 절실함이 없으면 변화는 늘 '내일'의 일이 된다.

"나는 더 이상 어제의 나로 돌아가지 않으리라. 오늘 나는 과거와 작별하고 새로운 내 인생의 시작을 열었다."

절실함으로 사무칠 때 우리 모두 저마다의 꽃을 피울 수 있음을 간절히 믿는다. 매운 마음으로 길을 떠나는 그대에게 조셉 캠벨은 이렇게 말을 건넨다.

"천복을 좇되 두려워하지 말라. 당신이 어디로 가는지 모르고 있어도 문이 열릴 것이다." *

* 7장의 'Step 1 SWOT 분석'을 통해 자신과 자신을 둘러싼 환경을 이해하고 앞으로 어떻게 나아가야 하는지에 대한 방향을 찾아보자.

회사를
떠나기
3년 전

전환의 기술

: 내가 갈 곳은 어디인가?

2

인생의 전반기에
우리는 사회에 봉사한다. 이것은 종속이다.
인생의 후반기에
우리는 내면으로 돌아선다. 이것은 해방이다.

− 조셉 캠벨

생애설계Life Design를 구상하라. 인생 전환점에서는 온전히 자기 자신에게만 할애하는 시간, 즉 하프타임Half time을 갖고 총체적인 인생설계를 해야 한다. 사회적 역할, 다른 사람의 시선, 의무 등에서 벗어나 진짜 나를 찾아야 한다. 기질, 욕망, 꿈을 발견하고 자신만의 철학을 재정립하자. 그래야 후회 없이 오래 지속할 수 있는 내재적 힘을 갖출 수 있다.

나를 바라보는 시간

남녀노소를 막론하고 그 삶에 변화가 없다면
그의 인생은 이미 녹슬어 있는 것과 다름없다.
녹은 어디서 생기는가? 물론 쇠에서 생긴다.
쇠에서 생긴 녹이 쇠 자체를 못 쓰게 만든다.

– 법정 스님

이 세상에서 변하지 않는 단 한 가지 사실은 모든 것은 변한나는 것이다. 왜 사는가? 삶이 주어졌기 때문이다. 왜 변해야 하는가? 그것이 삶의 존재 양식이기 때문이다. 삶은 변화 없이 지속되기 어렵다. 변화의 반대는 죽음이거나 서서히 녹슬고 있는 머묾일 뿐이다.

찰스 다윈의 이론인 '적자생존'은 '환경에 잘 적응하는 생물이 살아남는다'고 하는 현실 적응력을 높이는 데 초점을 두고 있다. 이 말에는 변화의 원인이 외부 환경에 있다는 대전제가 깔려 있다. 외부에 의한 어쩔 수 없는 변화는 견디기가 힘들고 변화를 지속할 힘이 약하다. 자신을 변화시켰다 하더라도 힘든 고비를 만나면 예전 습관으로 되돌아가기 쉽다. 자율적으로 변화하지 않는 사람은 변하지 못하는 원인을 자기 성찰과 타인과의 상호작용에서 찾는 것이 아니라 상대방을 교정하는 데서 찾기 때문이다.

그렇지만 변화의 한 축은 자기다움을 찾아가는 멋진 여행이다. 그것은 현재의 불만족스러운 상황을 떠나 만족스러운 모습으로 나아가는 과정이다. 세상이 요구하는 기준에 맞추려고 새로운 환경에 잘 적응하는 문제라기보다는 잃어버린 나를 찾아가는 여정이다. 진정한 나를 찾아 나서는 시간은 사랑하는 사람에게 편지를 받을 때처럼 설레고 흥분된다. 자신에 대한 연민과 사랑이 있으면 변화는 마치 봄날 햇살 속에 녹아내리는 강물처럼 시작된다. 다그치고 밀어붙이는 '자신과의 싸움'이라는 박해 속에서는 진정한 내면으로부터의 변화가 일어나기 힘들다.

변화에 대처하는 가장 좋은 방법은 스스로 변하는 것이며 따라서 자신에 대한 성찰을 동반한다. 성찰은 스스로를 객관화할 수 있는 힘이다. 정신적으로 건강한 사람은 아픈 상처나 감춰진 욕망을 드러내는 자기 고백으로 감정의 정화를 일으켜 그 감정으로부터 자유로워지면서 스스로를 객관적으로 바라보는 통찰력을 지니게 된다.

하워드 가드너의 다중지능이론에 따르면 인간의 지능은 언어, 논리수학, 인간친화, 자기성찰, 공간, 음악, 신체운동, 자

연지능의 여덟 가지로 나눌 수 있다고 하는데 그중 자기성찰
은 삶을 바라보는 기본적인 태도다. 아리스토텔레스는 좋은
삶이란 관조적인 삶이라고 했다. 관조적이라는 말은 자기를
성찰한다는 뜻이다. 다시 말해 좋은 삶이 무엇인지 끊임없이
생각하며 사는 삶이다. 성찰하는 삶을 살기 위해서는 어떻게
해야 할까?

첫째, 나를 둘러싼 관계 속에서 나를 바라봐야 한다. 성찰
은 관계의 바탕 위에서 생겨날 수 있다. 아무도 없는 무인도
에 홀로 고립되면 내가 어떤 사람인지 파악할 수 없다. 관계
라는 빛에 비추어서 자신을 살펴보아야 한다. 그러나 주의할
점은 자신을 역할로만 바라보아서는 안 된다. 남편과 아내,
엄마나 아빠, 아들 또는 딸, 상사, 친구 등의 사회적 역할을
자신의 전부라고 간주하지 말자. 가면을 벗고 본래 자기의 모
습을 들여다보자.

둘째, 나를 중심에 놓고 세상을 바라보자. 내가 영화의 주
인공이라면, 내가 이 책의 저자라면, 내가 저 사람 입장이라
면 어떨까, 라는 시각으로 일상을 바라보자.

셋째, 인문학을 자주 접하자. 많은 직장인들이 책을 거의
읽지 않거나 읽더라도 어학교재나 업무관련 도서, 자기계발
서 등만 선택한다. 우리 삶과 관계를 들여다볼 수 있는 시, 수
필, 소설, 역사와 철학서 등을 가까이하자.

스스로 성찰을 통해 자기 문제에 대해 각성하는 사람은 빛

이 난다. 팍팍한 일상이지만 나 자신에게 지극한 관심을 갖
자. 나 자신에 대한 돌봄과 돌아봄이 전환점을 위한 변화의
시작이다.

터닝 포인트를 만드는 4가지 철학

불행한 시기에 철학을 시작해서는 안 된다. 철학은 오히려 행복할 때, 용감하고 성공적인 장년기의 열렬한 명랑함을 가지고 시작해야 한다.

– 니체

철학은 세상을 보는 생각이다. 내 머리로 생각하고 내 숟가락으로 밥을 먹는 정신, 그것이 철학이다. 내 철학이 없다면 남이 하는 생각으로 살게 된다.

인생 전반부에서 가면Persona을 쓰고 사회적 역할에 충실한 삶을 살아왔다 해도 인생 후반부는 그것만으로 살아가기 어렵다. 내가 아닌 남의 생각과 남의 시선을 의식하며 사는 것은 스스로를 초라하게 만들어 견디기가 어렵다. 철학이 없다면 겉으로는 잘나갈 수 있을지언정 먹고 과시하는 인생에 지나지 않는다. 자기 생각으로 살아야 후회가 없다. 오직 내 철학을 통해서만 내 삶을 살 수 있다.

인문학 열풍이다. 인문학은 질문의 학문이다. 삶이 무엇인지, 나는 누구인지, 어떻게 살아야 하는지 등을 묻는다. 철학은 그 질문들의 정점에 서 있다. 우리가 철학책을 읽는 것은 철학자들의 생각을 알기 위함이 아니다. 그들을 답습하고 모방하고 추종하기 위함이 아니다. 삶에 대한 우리의 생각을 알고 싶은 것이다. 우리가 스스로에 대해 어떻게 생각하는지, 그리고 세상에 대해 어떻게 생각하는지, 그 속에서 어떻게 살아야 하는지를 묻기 위함이다. 나의 철학을 창조해내기 위해 철학자들의 생각을 탐구하고 모색하는 것이다. 저마다의 철학과 자신의 이야기를 갖는 것, 그것이 목적이다.

철학이라고 거창할 것은 없다. 거센 풍랑이 밀려와도 중심을 잡아줄 올곧은 신념 하나면 충분하다. 남에게서 빌려온 철학이 신념이 될 수는 없다. 반드시 자신이 직접 다듬고 정리해 스스로 준수하는 가치관으로 만들어내야 한다. 철학은 자신의 인생 여정에 대한 나침반이다.

철학자 스피노자는 "우리 자신이 되는 것, 우리가 할 수 있는 일을 하는 것, 이것이 삶의 유일한 목표다"라고 말했다. 가장 자기다운 사람이 되는 것이 성공이다. 가장 자기다울 때 물질적으로 풍요로울 수 있고, 매력이 넘쳐나고, 성숙한 인간이 될 수 있다.

나를 위해 좋은 철학을 만들자. 인생 후반부는 다음 네 가지 큰 방향을 잃지 않아야 정신적 뿌리가 단단해진다. 그런 후에 자신만의 구체적인 삶의 원칙과 실천 지침을 다듬어보자.

주도성을 회복하라

> 운명은 자발적인 사람은 안내하지만 그렇지 않은 사람은 질질 끌고 간다.
>
> – 세네카

니체는 인간 정신의 발달 과정을 낙타와 사자, 어린아이에 비유한다. 낙타는 등에 잔뜩 짐을 지고 걸어가는 수동적인 존재이며 사자는 자유롭게 행동하지만 긴장 상태에 있기 때문에 제한적 자유를 누리는 존재다. 어린아이는 사자의 제한된 자유를 극복한 존재이며 니체가 말하는 초인과 같다. 어린아이의 경지에는 미치지 못할지언정 낙타의 삶으로만 끌려가는 인생은 덧없는 삶일 것이다. 끌려가는 삶은 낙타의 삶이다. 지금까지 무엇 때문에 움직였는가? 스스로의 의지였는가? 아니면 주변 상황 때문인가?

회사라는 조직은 개인에게 소속감, 안정감을 준다는 장점이 있다. 그러나 회사생활을 할수록 점점 자신과 조직을 동일시하는 조직 의존형 인간이 되어가면서 스스로 생활해나갈 수 있는 자율성을 상실하기도 한다.

퇴직한 사람과 이야기를 나눠보면 회사를 나와 가장 힘든 것이 조직 의존형 인간으로 살아온 후유증이라고 한다. 조직이라는 울타리를 벗어났을 때의 상실감과 소속이 없어졌을 때의 외로움이 크게 느껴졌다고 한다. 나 역시 한동안 그랬다. 매일 보던 낯익은 얼굴들이 한순간 사라지고, 더 이상 꼬박꼬박 월급을 받지 못하는 상황이 낯설었다. 명함이 없어졌을 때의 공허함은 더 컸다.

회사라는 조직에 평생 몸담을 수 없는 시대가 되면서 개인으로 살아가야 할 시간이 점점 늘어나고 있다. 독립된 주체로 살아갈 주도성을 갖추지 못한 개인은 고립된 인간으로 살아가게 된다. 그들은 낯선 세상을 경험할 때 당혹감과 함께 생존의 위협을 느낀다.

앞으로의 시대는 조직 독립형 인간으로 살아가야 한다. 이제 개인은 전일제 근무 대신 일반 회사를 상대로 일을 받아 특정 기간 동안 수행하는 프리랜서로 살아가는 것이 일반화되는 추세다. 스스로 자신의 삶을 창조하는 인간을 요구하는 시대가 되었다. 어떤 조직에 속해 있느냐보다는 새로운 가치를 만들 수 있는 사람이냐 그렇지 않으냐가 중요한 시대다. 조직의 울타리가 없을 때에도 당당하게 살아갈 수 있는 주도성을 회복해야 한다. 낙타에서 사자로의 전환이 필요하다. 경쟁력, 휴먼 네트워크, 마음가짐 등을 키우고 새롭게 해야 한다. 역설적이지만 가장 적기가 회사에 다니고 있는 바로 지금이다. 회사에 몸담고 있을 때 익명의 인간에서 자기 브랜드를 갖춘 인간으로, 조직의 톱니바퀴에 그치지 않고 자기 역량을 키우는 인간으로 변모해야 한다.

자기 주도성은 어떻게 회복할 수 있을까? 스스로 선택하는 삶을 살면 된다. 자기 주도성은 자기 결정권에 의해 커진다. 내가 좋아하고 내가 하고 싶은 것을 선택해야 한다. 자기 결정권이 부족하면 의욕을 촉진시키는 도파민 호르몬이 줄어들고 무기력에 빠지기 쉽다.

가능하면 많이 경험하라. 경험을 통해 얻은 감각은 기억력과 창의력을 증진시키고 스스로에 대해 더 잘 알게 한다. 여행이 그렇다. 여행은 낯선 사람과 풍경 속에서 자신을 찾아가는 과정이다. 몽골의 게르ger를 거쳐 간 수많은 사람들의 흔적을 느껴보는 것이다. 양꼬치를 만드는 몽골 여인의 환한 웃음 속에서 사연을 더듬어보고, 늦은 밤 사랑 이야기에 솟아오른 아픔과 그리움과 기다림을 느끼며 온전히 나를 반추해보는 것이다.

시도하라. 여러 가지를 시도하면 수많은 장애가 따른다. 걸림돌을 극복하려면 믿음과 열정이 필요하고 그 과정에서 마침내 성공을 이루고 나면 자기 주도성이 더욱 강화된다.

자신만의 시간을 허락하라. 자기 주도성이 부족한 가장 큰 이유는 자신만의 시간을 할애하지 않기 때문이다. 바쁘다는 것이 가장 큰 이유다. 요즘은 스마트폰에 의존해 스스로 생각하고 판단하는 능력과 몰입 정도가 떨어지는 것도 큰 원인 중의 하나다.

삶이 불만족스러운 것은 바로 주도성을 상실했기 때문이다. 자기 인생에 대해 더 많은 결정권을 누리도록 노력하라. 자신에게 진실하고 그 진실함으로 행동하는 것이 진짜 삶이다.

더 많은 자유를 갈망하라

여기 '해야만 하는 일을 하는 인생'과 '하고 싶은 일을 하는 인생'이 있다. 당신은 지금 어떤 인생을 살고 있는가? 하고 싶은 일을 알 수 없는 미래의 시점으로 미루고 해야만 하는 일로 가득 찬 인생을 살고 있지는 않은가? 나중에 경제적, 심리적으로 여유가 생기면 그때 하고 싶은 일을 해야지, 라고 생각하고 지금 해야만 하는 일에 매달리고 있지는 않은가? 물론 살다 보면 해야만 하는 일을 하기 위해 양보하고 타협할 때가 있다. 그러나 잠시 유보해눈 '하고 싶은 일을 하며 사는 인생'은 언제든 해야만 하는 일을 먼저 처리하지 않는 한 있을 수 없다는 문제가 생긴다. 배가 고프면 참맛을 느낄 수 없다며 맛있는 음식을 미뤄두고 맛없는 음식을 먼저 먹다가 배를 가득 채우는 것과 같다. 산해진미라 해도 배가 부르면 즐거움이 아니라 고역이다. 도대체 해야만 하는 일은 언제까지 해야 하는 것인가? 꼭 그 일을 끝낸 후에 하고 싶은 일을 해야 하는가? 그냥 정말로 하고 싶고 보람 있는 일을 찾아 살면 안 되는 걸까?

저마다 하고 싶은 일을 하며 자유로운 삶을 꿈꾸지만 꿈으로 그치는 이유는 안전에 대한 욕구가 훨씬 강하기 때문이다. 더 나쁜 상황을 염려해 현상을 유지하려고 안전을 추구하면 자유는 그만큼 줄어든다. 위험은 항상 존재한다. 직장이라는 울타리가 남은 인생을 지켜주지는 않는다.

자유 없는 안전은 무의미하다. 어찌 보면 가장 많은 안전을 누리는 사람은 감옥에 격리되어 있는 사람일 것이다. 남과 이야기를 하거나 밖에 마음대로 나갈 수 있는 자유는 없지만, 감옥 밖의 위협에서 안전하다. 그렇다고 사람들이 감옥에 가고 싶어 하지는 않는다. 자유가 없다면 안전의 의미도 없어진다.

자유는 미래에 대한 가능성과 희망을 열어준다. 하지만 안전은 미래에 대한 희망보다는 현재에 대한 만족에 가깝다. 자유는 자신이 원하는 꿈과 목표를 향해 달릴 수 있게 해준다. 비록 이루지는 못할지언정 꿈이라는 희망을 갖는 것만으로도 우리에게는 도전적이며 가치 있는 일이다. 꿈을 계속 간직하고 있으면 반드시 실현할 때가 올 것이다. 먼저 꿈이 있으려면 자유가 있어야 한다.

벤저민 프랭클린은 "자신의 자유를 일시적인 안전을 위해 파는 사람은 안전과 자유를 얻을 자격이 없고, 나중에 둘 다를 잃게 될 것이다"라고 경고했다. 인생 후반부는 더 많은 자유를 갈망하는 것으로 시작해야 한다. 원래 살고 싶었던 삶을 살도록 스스로에게 기회를 허락하자는 것이다. 그러기 위해서는 철학을 바꾸어야 한다. 안전에서 자유를 지향해야 한다. 의심스러운 안전보다는 자유를 준비하라. 자유란 자신이 진정으로 원하는 것을 할 수 있도록 스스로 허락하는 것이다. 내면의 북소리를 따라가야 한다.

삶에 일을 통합하라

그리스 신화에 나오는 네메시스는 복수의 여신이다. 그녀의 복수 방법은 특이하다. 지나침을 부추겨 그 지나침으로써 파멸하게 한다. 승리에 도취된 전쟁 영웅은 승리로 자멸하게 하고, 돈이 너무 많은 사람은 돈에 깔려 죽게 하고, 일에 너무 파묻히는 사람은 그 일 탓에 병과 죽음을 얻게 하는 식이다. 조화와 균형을 중시하는 고대인들의 세계관을 엿볼 수 있다.

일과 삶 사이에서 왔다 갔다 하며 조화와 균형을 추구하려 하지만 현실은 쉽지 않다. 어느 한쪽으로 기울기 십상이다. 어떤 사람들은 일과 삶에서 하나를 선택함으로써(다른 하나를 완전히 포기함으로써) 문제의 싹을 제거한다. 이들에게 흔히 나타나는 모습이 일중독이다. 집에 올 때도 일거리를 가져온다.

"쉿~ 조용히 해. 아빠 고객한테 전화 왔잖아."

통화가 끝나자 어린 딸이 입을 삐죽거리며 묻는다.

"아빠~ 나는 언제 고객이 될 수 있어요?"

일과 삶 사이에서 선택이 아닌 조화와 균형을 찾아야 하는 것이 현대인의 숙명이 되었다. 선택은 중요하지 않은 것을 걸러내고 우선순위가 높은 것을 택하는 행위다. 조화는 중요한 것들 가운데 어느 하나를 버리지 않고 상생의 관계를 모색하는 것이다. 삶에서 중요한 가족, 일, 친구, 건강 등은 버릴 수 없는 것이다. 집안이 편안해야 일이 잘되고, 몸이 건강해야 집중적으로 일에 몰입하고 성과를 낼 수 있다. 양자의 관계가 원활하지 못하면 직장에서는 성공하나 가정에서는 실패하는 모순이 발생한다.

일과 삶이 대립하지 않으려면 우선 자신의 강점을 살려야 한다. 강점은 일과 개인생활을 양립시킬 수 있다. 자신이 좋아하고 잘할 수 있는 일을 선택하거나, 자신이 잘하는 방식으로 일을 하면 일의 성과가 좋을 수밖에 없다. 일이 즐거워진다. 일과 삶의 모순이 줄어든다.

일과 개인생활을 조화시킬 수 있는 또 하나의 방법은 단순히 시간의 양적 분배로 해결하지 말고 실적인 측면을 고려하는 것이다. 직장생활을 하면 많은 시간을 직장에서 보내 일이외의 다른 분야는 소홀하기 쉽다. 관심을 골고루 두는 것이 중요하다. 가정에서는 사소한 일이라도 자주 관심을 보이고 정기적으로 대화를 하는 것이 좋다. 하루를 시간대에 따라 달리 사용해볼 수도 있다. 새벽 시간을 자기계발과 운동에 투자하고, 아침 일찍 출근해 일을 처리하고, 저녁에는 정시에 퇴근해 가족과 시간을 보내는 것도 좋은 방법일 수 있다. 요일별로 시간을 편성할 수도 있다. 과거에 바쁜 프로젝트를 수행하는 중이었지만 매주 수요일은 Happy Day로 정해 프로젝트 팀원 모두 정시에 퇴근하도록 한 적이 있었다. 반응이 꽤 좋았다.

또 일을 무작정 해치우는 식으로 하지 말고 일의 전체 맥락을 먼저 그려보면서 그 일이 전체에 미칠 영향을 이해하는 것이 좋다. 세상에 의미 없는 일은 없다. 아무리 사소한 일이라도 세상을 전보다 살 만한 곳으로 변화시킬 수 있다는 의미 부여가 필요하다. 다만 조직은 의미 있는 일을 '창조'해주지 않는다. 그곳은 의미 있는 일을 '발견'하는 장소일 뿐이다. 우리가 의미를 발견하지 못하는 것은 삶에 적극적으로 참여하지 못하고 다른 사람들에게 우리를 대신해서 결정하고 의미를 이야기해달라고 미루는 게으름 때문이거나 주의가 결핍된 탓이다. 의미 있는 일은 스스로 발견해야 한다.

인간은 삶의 의미를 구하고자 일 속에 종교적 힘과 문화적 요소를 도입했다. 그러나 갈수록 치열해지는 경쟁과 압박은 두려움을 낳았고 사람들로 하여금 필사적으로 일에 매달리게 했다. 생산성은 높아졌지만 삶의 통제권마저 일에게 넘어갔다. 이제 그 통제권을 찾아오려고 발버둥 치고 있지만 막강한 힘을 발휘하는 기득권을 일이 쉽게 내놓을 것 같지는 않다. 중요한 것은 일을 하든 여가를 보내든, 스스로를 인간이라고 느끼는 인간 존엄성을 회복해야 삶의 의미를 찾을 수 있다. 이제는 이 일을 '일'에 맡겨서는 안 된다. 스스로 삶의 의미를 찾아야 한다.

일의 개념을 월급을 받는 노동으로 국한하는 것은 우물 안 개구리 시각이다. 일을 좁은 울타리에 가두면 삶에서 뜻 깊은 의미가 있는 진정한 일들이 소홀히 취급된다. 일에 대한 재정의가 필요하다. 생계에서 생활로 사고를 전환해야 한다. 영국의 경영사상가 찰스 핸디는 중요한 의미가 있는 다양한 활동들을 알아보고 일의 포트폴리오를 확대할 것을 권한다. 일의 포트폴리오에는 직장에서 하는 일 외에도 봉사, 배우는 것, 취미, 집안일, 놀이 등 다양한 종류가 포함될 수 있다. 자신이 좋아하고 즐겨 하는 활동을 일로 포함해야 한다.

일과 삶이 통합 가능하다는 믿음이 중요하다. 현명한 사람은 일에 삶을 저당 잡히는 어리석음을 범하지 않는다. 인생 2막에서는 삶을 일에 맞추는 대신 일을 삶에 통합하는 방법을 생각해봐야 한다. 인생에 즐거움을 더하라. 인생 선반부가 그저 먹고사는 것만 도모하는 경제적 생존의 시기였다면 인생 후반부는 삶을 즐기는 정신적 각성이 따라야 삶이 풍성해진다.

어떻게 하면 행복할까를 고민하라

2012년 보건사회연구원이 발간한 자료에 따르면 한국인의 행복지수는 경제협력개발기구OECD 34개국 중 32위를 차지해 거의 꼴찌나 다름없었다. 국가 발전에 비해 행복도가 낮은 이유로는 IMF 위기 이후 부의 양극화, 주식과 부동산 등 투기 열풍으로 상대적 빈곤감이 커져 돈을 벌어도 행복하지 않고, 행복을 위해 돈에 집착하는 악순환이 행복지수를 끌어내렸다는 분석이 지배적이다.

행복하다고 느끼는 직장인이 많지 않다. 낙타가 바늘구멍 통과하기보다 어렵다는 취업의 관문을 뚫고 직장에 들어가면 치열하게 경쟁해야 하고 살아남아야 한다는 강박이 짓누른다. 오직 밥벌이를 위해 적성에 맞지 않는 일을 해야 하고 상사로 인한 스트레스도 장난이 아니다. 우리는 언제쯤 행복해질 수 있을까?

누구나 행복을 원하지만 행복한 사람이 별로 없는 것은 행복해지는 방법을 알지 못하기 때문이다. 신화학자 조셉 캠벨의 말을 음미해보자.

"행복을 찾으려면, 행복하다고 느껴지는 순간을 잘 관찰하고 그것을 기억해두어야 합니다. 내가 여기에서 '행복'하다고 하는 것은, 들떠서 행복한 상태, 흥분해서 행복한 상태를 말하는 게 아닙니다. 진짜 행복한 상태, 그윽한 행복의 상태를 말합니다. 이렇게 행복을 관찰하는 데는 약간의 자기 분석 기술이 필요합니다. 무엇이 나를 행복하게 하는가? 이 질문에 대한 답이 나오면, 남이 뭐라고 하건 거기에 머물면 됩니다. 내 식으로 말하자면, '천복을 좇으면 되는' 겁니다."

조셉 캠벨의 말에서 우리는 행복의 중요한 두 가지 기준을 세울 수 있다. 첫째, 행복의 기준은 다른 사람이 아니라 바로 '나' 자신이라는 점이다. 행복이란 누가 주는 것이 아니라 스스로 찾는 것이다. 다른 사람의 거울에 비추어 행복을 찾으면 조급해지고 결국 허탈함으로 끝난다. 늘 자신에게 비추어 스스로를 발견하려고 노력하는 사람은 행복하다.

둘째, 행복은 과거와 미래가 아니라 '지금'에 있다. 삶은 바로 여기에서 진행 중인데 어디에서 행복을 찾는단 말인가? 톨스토이는 인생에서 가장 중요한 순간은 지금이고, 가장 중요한 사람은 지금 나와 함께 있는 사람이며, 가장 중요한 일은 지금 나와 함께 있는 사람을 행복하게 해주는 일이라고 했다. 지금 살고 있는 삶을 좋아해야 한다. 그러려면 '해야만 하는 일'로 삶을 채우기보다 '하고 싶은 일', '잘할 수 있는 일'로 채워야 한다. 자신이 잘할 수 있는 일을 통해 즐거움과 성취와 보람을 느끼는 것이야말로 행복한 삶이다.

삶의 기쁨은 지금 이 순간의 그윽함에서 찾아온다. 내 경우에는 언젠가 딸의 큰 눈망울을 마주하는 순간 문득 찾아왔다. 늘 보는 눈빛이었지만 그날은 왠지 온통 빨려 들어갈 듯 우리의 있음 자체가 경이와 기쁨으로 느껴졌다. 그러고 보니 그런 순간이 적지 않았다.

신촌 어느 술집에서 손톱만 한 달이 뜰 때 다가온 반짝이는 눈빛, 논산훈련소 입소를 위해 버스를 타는데 돌아서며 눈물을 훔치던 아버지의 뒷모습, 소나기 퍼붓는 청평사 주점에서 그녀와 막걸리 러브샷을 하던 순간, 아내 옆에 나란히 누워 있던 큰 아이와의 첫 만남, 첫 책이 집으로 배달되었을 때 추천사를 읽고 눈물 흘리며 책에 사인을 하던 벅찬 순간, 몽골 초원을 말을 타고 가르며 전력 질주하던 순간, 붉게 물든 저녁노을, 남해 바다의 청록빛깔, 새벽녘 어스름한 길가의 가로등 불빛…….

이루 셀 수 없는 기쁨의 순간들이 있었다. 모두 내가 살아 있음에 감사하는 순간이다. 무언가를 충족시켜야만 만족하고 힘을 얻는 것은 찰나에 불과하다. 오래가지 못하고 더 큰 욕망만을 좇게 된다. 중요한 것은 있는 그대로를 바라보며 순간의 기쁨을 느낄 수 있는 열린 마음이다. 그저 살아 있음으로 행복한 순간을 눈과 마음을 열어 바라보자. 내 마음이 달라지면 세상은 아름답고 살 만해진다. 삶의 기쁨은 그 무엇이 아닌 나의 살아 있음의 경이로움에서 온다.

오늘 하루를 장악하라. 인생의 대부분은 아주 사소한 것들로 이루어져 있기에 오늘 사소한 일이 주는 즐거움을 얻으면 행복할 수 있다. 일상에서 행복해지는 법을 구체적으로 살펴보자.

- 출근하기 전에 거울을 보고 웃어라. 웃으면 행복을 느낄 수 있는 능력이 커진다. 행복해서 웃는 것이 아니라 웃어서 행복해진다.
- 여유 있게 출근해라. 늦게 일어나면 억지 마음이 들기 쉽다. 심신에 해롭고 상황을 악화시킨다.
- 순도가 높은 오전 시간에는 일에 집중하여 부가가치를 높여라. 아침이나 저녁에 반드시 자신의 꿈과 강점에 투자하는 시간을 할애하라.
- 하루의 대부분을 보내는 사무실에서 사소한 기분전환 거리를 만들어라. 조그만 화분을 갖다 놓거나 멋진 스크린 세이버를 설정하는 것도 좋다. 잠깐씩 좋은 사람들과 통화를 하거나 채팅으로 수다를 떨어도 좋다.
- 좋은 일들을 자꾸 내 편으로 불러들여라. 회의를 하거나 모임을 할 때 즐겁고 좋은 결과가 오리라는 믿음을 갖고 참석해라. 운이란 일종의 주술이다.
- 지난 일주일간 고마웠던 일을 적어보자. 일주일에 한 번

감사의 일기를 적는 사람이 그렇지 않은 사람보다 훨씬 행복하게 산다는 연구 결과가 있다. 행복은 지금 가진 것에 고마워하는 자세로 정성을 다하는 데서 시작된다.

- 행복은 행복한 순간들의 산술적 합이다. '내 인생의 아름다운 장면들'을 한 달에 하나씩 만들어보자. 아름다운 순간을 추억할 수 있는 사람은 행복하다. 행복한 순간을 목록으로 만들어보자.

행복은 인생 최대의 목적이다. 사회적으로 성공하고 돈을 많이 벌면 행복할까? 그럴 수도 있고 그렇지 않을 수도 있다. 중요한 것은 행복을 내일로 유예시키지 말아야 한다는 점이다. 내일의 열매를 믿지 말고, 오늘의 열매를 믿어라. 행복은 여기에 숨 쉰다. 이제 나에게 행복이란 무엇인지, 언제 행복을 느끼는지를 진지하게 고민해야 할 시간이 되었다.

하프타임, 잠시 멈춰서기

"자넨 무엇 때문에 그렇게 분주하게 사는가?"

"책임감 때문이지요."

마누엘이 대답한다. 천사는 다시 묻는다.

"하루에 15분만이라도 일을 멈추고 아무것도 하지 않은 채, 세상과 자네 스스로를 돌아볼 수는 없나?"

마누엘은 그러고 싶지만 시간이 없다고 대답한다.

"그럴 리가 있나." 천사가 응수한다.

"누구에게든 시간은 있네. 용기가 없을 뿐이지."

– 파울로 코엘료, 《흐르는 강물처럼》 중에서

몇 해 전 여름, 직장생활을 시작한 후 처음으로 한 달 동안 휴가를 만끽했다. 다른 회사로 이직하기 전에 한 달이라는 시간을 번 것이었다. 단출하게 가방을 싸서 기타를 둘러메고 몽골로 떠났다.

가도 가도 끝없이 펼쳐진 몽골의 초원은 원시적인 느낌이었다. 하늘은 물감을 뿌려놓은 듯 푸르고 푸르렀다. 고요히 불어

오는 바람은 자유의 숨소리였다. 말을 타고 바람을 가르며 초원을 내달렸다. 구름이 걸쳐 있는 듯한 언덕까지 올라가 사방이 트인 전경을 보며 감탄하고 감탄했다. 밤에는 은하수와 별똥을 보면서 소원을 빌었고 새벽녘까지 모닥불을 피워놓고 노래를 부르고 춤을 췄다. 모처럼 마음먹고 감행한 몽골여행은 인생 최고의 여행이었으며 이후 내 인생의 좌표가 되었다. 내가 원하는 삶이 어떤 것인지 생생하게 그릴 수 있었다.

좋은 직장에 17년간 몸담아온 남성이 있었다. 나이, 마흔 셋. 어느 여름날 새벽 그는 일찍 잠을 깼다. 창호지 사이로 아침 햇살이 야금야금 걸어와 누워 있는 곳까지 침범해올 때 그는 울고 싶었다. 날이 눈부시게 밝아오고, 한 번도 온 적 없는 새로운 하루가 시작되고 있는데, 그에게는 아무 할 것이 없었다. 다부진 마음을 먹고 찾아온 지리산이었다. 먹고사는 일 때문에 자신을 잃었다는 자책에 밥을 끊고 한 달간의 포도 단식을 시작할 정도로 절실한 그였다. 그런 그가 그토록 원하던 자유로운 하루가 시작되고 있었다. 그런데 할 일이 없었다. 무기력하게 과거의 인물로 누워 있던 바로 그 순간, 답답함과 막막함 사이로 햇살처럼 어떤 목소리가 소곤거렸다.

"쓰라. 글을 쓰고 책을 쓰라. 그리고 그것으로 먹고살라."

우리는 때로 전혀 이해할 수 없었던 것을 섬광이 번쩍이듯한 순간에 깨닫게 된다. 그는 훗날 이 순간을 "내게 천둥처럼 할 일이 생긴 것이다. 갑자기 나는 내가 기획하는 세상 속으로 빨려 들어갔다. 내가 기획하고 연출하며 배역을 맡는 이 훌륭한 놀이를 즐기기 시작했다”고 회고했다. 하지만 그것은 이미 오래전에 예고된 계시였다. 그는 무엇을 쓸지 고민하지 않았다. 이미 오래전부터 ‘언젠가 변화경영에 대해 좋은 책 한 권을 쓰겠다’는 희망을 품고 있었기 때문이다. 그는 변화와 혁신의 현장에서 보낸 13년이라는 경험을 간직하고 있었다. 구본형 변화경영연구소장은 이렇게 변화경영을 주제로 자신의 첫 책을 쓰기 시작했다.

그는 첫 책을 출간한 후, 매년 한 권 정도의 책을 낼 수 있었다. 곧 베스트셀러 작가이자 성공한 1인 기업가가 되었다. 16년 동안 20권의 책을 썼고 그중 상당수가 자기계발과 경영을 새로운 차원으로 도약시켰다. 그를 이렇게 새롭게 거듭나게 한 결정적인 계기가 다름 아닌 지리산에서의 한 달 단식이었다는 것을 나는 여러 번 들었다.

나도 지난해 보름 동안 지리산에 다녀왔다. 포도 단식을 하며 몸과 마음을 정화했다. 홀로 둘레길을 산책하면서 사색을 했고 이 책을 탈고했다. 앞으로 남은 후반기 인생을 재설계하고 절대 과거로 물러서지 않겠다는 다짐을 하고 돌아왔다.

한 달간의 휴가란 직장인으로서는 예외적인 사례일 수 있다. 그러나 인생 전환을 꿈꾸는 사람에게 쉬는 시간, 즉 하프타임은 어떤 식으로든 꼭 필요하다. 축구와 마찬가지다. 하프타임 없이 전후반 90분을 쉬지 않고 뛰면 탈진할 수밖에 없듯이 인생의 어느 시점에서 멈춤의 시간은 반드시 필요하다. 꼭 한 달일 필요는 없다. 자기 자신과 홀로 대면하는 시간이면 된다. 휴직, 휴가, 휴일을 활용해 온전히 자신에게 집중할 수 있는 시간을 마련해야 한다. 중요한 것은 이 시간을 지속적으로 확보해야 한다는 점이다. 지나온 과거를 되돌아보고 미래를 설계하지 않으면 진정한 변화를 꾀하기 어렵다. 다시 현실에 안주하기가 쉽다.

마흔 즈음에 이유를 알 수 없는 무력감에 시달렸다. 인생의 허허로움에 열병을 앓았다. 이직한 회사에서 적응하기도 힘들었고 일 년 남짓 다니다가 그만두었다. 그때부터 산에 자주 올랐다. 일주일에 한 번은 두 다리에 힘을 주고 햇볕과 바람을 벗 삼아 올랐다. 산은 성찰과 위로의 시간을 허락해주었다. 산에 오를 때는 머릿속이 온갖 고민으로 가득 차 있었으나 정상에 다다르면 다 걸러진 채 하나의 화두만 남았다. 그 화두에 매달렸다. 그렇게 일주일에 하나씩 화두를 풀어나갔다. 산행은 내면과의 대화 시간이며 각성의 시간이었다.

하프타임은 통과의례와 같다. 인생의 중요한 단계에 직면할 때 이전 단계를 정리하고 새로운 단계를 시작하는 관문이다. 하지만 우리 사회는 통과의례의 무풍지대다. 청소년 때는 대학 입시에 골몰하고 대학에서는 스펙 쌓기에 여념이 없다 보니 성장을 위해 당연히 거쳐야 할 과정이 생략된다. 성년이 되었지만 정신과 마음은 유아기 상태에 가깝다. 스스로 결정하고 판단하는 능력이 많이 퇴화되었다. 하프타임은 나를 둘러싼 관계를 일시 정지시키고 경계에 서서 관계와 나 자신을 새롭게 바라보는 시간이다. 격전의 전반기가 끝나고 새로운 후반기를 맞이하기 전에 멈춰야 할 때가 있다는 것을 잊지 말자. 휴식과 준비의 시간이다. 이때를 초조와 조급으로 보내면 잘 준비할 수 없다. 홀로 낯선 곳으로 떠나자. 낯선 곳에서 그동안 잊었던 자신을 찾아보자. 그리하여 뜨거운 아침을 맞이하자. •

• 7장의 'Step 2 여섯 조각 이야기'를 통해 자신의 욕망, 정서 상태, 인지적 능력, 자기와 세계에 대한 태도, 인성 특성 등을 진단할 수 있다.

침묵은 자신과의 적극적인 대화

침묵은 참된 지혜의 최상의 응답이다.

- 에우리피데스

영화 '위대한 침묵'은 해발 1,300미터 알프스의 깊은 계곡에 위치한 프랑스 카르투지오 수도원의 잔잔한 일상을 카메라에 담았다. 자급자족을 원칙으로 하는 이 수도원은 방문객을 받지 않으며 외부와 철저히 단절된 곳이다. 필립 그로잉 감독은 '침묵을 어떻게 영상 속에 담을 것인가'란 화두를 고민한 끝에 수도원이 적격이라 판단하고 1984년 카르투지오 수도원에 촬영을 신청했으나 아직 이르다는 답변을 받았다. 수도원은 무려 16년이 흐른 뒤에야 준비가 되었다며 촬영을 허락해, 영화는 2005년에야 세상에 선보였다.

러닝타임 162분 동안 대사는 거의 없다. 그저 기도드리는 수도사의 옆모습, 종을 치고 미사를 드리는 일과, 음식과 옷을 만드는 장면, 해가 뜨고 별이 지고 눈이 오고 비가 오는 자연의 풍경 등 사찰에서 수행하는 수도승의 일상을 옮겨온 듯한 영상을 절제의 미학으로 담아낸다. 생각을 가두는 대사가 거의 없는 영화, 침묵을 체험하는 영화다. 감독은 인터뷰에서 "언어가 주는 편견과 사고를 넘어 오직 침묵을 통해서만 사물이 더욱 본연의 가치를 발할 수 있다는 믿음을 갖고 관객 역시 그런 경험을 하길 바랐다"고 고백한다.

영화 속 장면은 인상적이다. 일하다 햇빛이 비치는 문간에서 혼자 기도하듯 식사하는 장면은 무척 아름답다. 새로운 수도사들이 들어와 일일이 포옹하며 인사하는 모습, 사전을 밑에 두고 책 읽는 장면, 고요히 울려 퍼지는 종소리와 함께 숨막히게 아름다운 자연의 경관들, 일주일에 한 번씩 모여서 토론을 하고 산책을 나가는 모습, 눈 쌓인 언덕에서 수도사들이 썰매 타는 장면, 특히 정면에서 수도사 한 사람 한 사람의 얼굴을 클로즈업하여 마치 침묵으로 말하는 듯한 수도사들의 눈빛을 담아낸 화면은 아직도 선명하다.

사람 사이를 연결해주는 것은 말이다. 말 한마디로 천 냥 빚을 갚는다는 속담처럼 대화는 매우 중요하다. 나이가 들수록 수다 떠는 게 재미있어진다. 서로를 공감하고 칭찬하면서 대화를 나눈다는 것은 무척 기분 좋은 일이다. 그러나 말을 지나치게 많이 하면 나 자신을 충만하게 하기보다는 밖으로의 에너지 소모가 많다. 어쩌면 대화가 단절될지 모른다는 불안 때문에 말이 더 많아지는지도 모른다. 허튼 말은 인간관계에서 괜한 오해를 만들기도 한다. 해서는 안 될 약속도 하게 되고 그 말에 책임지기 위해 끙끙거리기도 한다.

침묵은 보약이다. 강의를 하거나 회의를 많이 한 날은 유난히 기운이 없다. 말을 통해 기운이 빠져나가기 때문이다. 침묵은 심신을 보호하고 순화하기 위해 필요하다.

침묵은 충만한 대화다. 말은 침묵과 함께 있어야 한다. 침묵이 말 자체를 투명하고 생기 있는 것으로 만들어주기 때문이다. 말은 침묵이라는 호수 위에 떠 있는 밝은 구름과 같다. 좋아하는 사람과 대화하다 보면 시간 가는 줄 몰라 아쉬워하던 경험이 있을 것이다. 침묵이 어색하게 느껴지지 않고 대화로 인식되는 순간이 있었을 것이다. 그윽한 시선과 미소를 동반한 침묵은 흥분과 야릇한 뒷맛을 느끼게 한다. 사랑 속에는 말보다 오히려 침묵이 더 많다. 가장 깊은 감정은 항상 침묵 속에 있다.

침묵은 수련이다. 카를 융은 인생 중반 이후의 과제는 내면을 들여다보고 그곳으로 돌아가는 것이라고 말했다. 나이가 든다는 것은 침묵과 고독을 요구하는 것이다. 스스로를 직시할 수 있는 지름길이 바로 침묵이다. 불교에서는 묵언수행을 한다. 묵언수행은 말을 하지 않는 참선이다. 말로써 짓는 온갖 죄업을 피해 스스로 마음을 정화한다. 달마선사는 무려 9년간이나 면벽수행을 하면서 묵언수행을 했다고 한다. "인간의 불행은 단 한 가지, 고요한 방에 들어가 휴식할 줄 모르는 것에서 비롯된다"는 파스칼의 명언은 침묵하지 못하는 현대인들에 대한 경종이다.

침묵을 통해 우리는 평소에는 듣지 못한 미세한 움직임이 들리는 신비한 체험을 한다. 평소에 보이지 않던 것들이 눈과 귀로 들어온다. 내면의 목소리에 귀를 기울이고 사색이 시작된다. 가장 중요한 것은 눈에 보이지 않으며 오로지 마음으로만 볼 수 있다는 것을 깨닫는다.

하프타임을 보낼 때 가장 중요한 덕목은 침묵이다. 침묵과 사색으로써 내면을 들여다보는 시간이 필요하다. 덧없는 반복과 치열한 경쟁 속을 살아가면서 그동안 잊고 지냈던 나를 돌아보고 일상의 의미를 느끼고 인생을 다시 다잡는 침묵의 시간이 꼭 필요하다. •

* 7장의 'Step 3 내 생애 첫 순간과 마지막 순간'을 참조해 그 순간들을 그려봄으로써 근원적으로 당신이 어떤 사람인지 알 수 있는 단초를 얻을 수 있다.

내가 아닌 것은 다 버려라

자기 자신을 발견하는 것이 진정한 진보의 시작이다.

- 한스 안데르센

"내일이 새로울 수 없으리라는 확실한 예감에 사로잡히는 중년의 가을은 난감하다." 김훈의 명문장이다. 인생의 중반에서 새로 시작해야만 하는 시대에 새로 시작할 거리가 없는 것은 참 난감한 일이다. 평균수명이 늘어나면서 삶은 자꾸만 버거워진다. 해는 아직 중천에 떠 있는데 갈 길은 아득하다. 좋은 직장에서 잘릴 위험 없이 정년까지 보내거나 자신의 전문 분야에서 최고의 경쟁력을 유지하고 싶지만 대다수 직장인들은 이 꿈이 거의 불가능하다는 것을 알고 있다.

나이 50세가 되기 전에 아마도 직장인의 90%는 직장을 떠나게 될 것이다. 프리랜서로 살아가거나, 자영업을 하거나 또 다른 직장을 찾아 전전할 것이다. 분명 지금보다 그때가 더 불안하고 초라해 보인다. 그 후로도 남은 30년 이상의 시간을 어떻게 보내야 하는지, 무엇으로 먹고살아야 하는지 정말 난감하다. 그때는 홀로 서야 하는데, 막막할 뿐이다. 그래서 평생직업을 찾으라는 이야기를 수없이 듣지만 정작 지금 무엇을 어떻게 해야 하는지 갑갑하기만 하다. 그냥 '어떻게 되겠지'라는 근거 없는 낙관주의에 꼭꼭 숨어버리고 싶다. 도대체 직장인에게 밝은 미래가 있기는 한 것일까?

직장인의 미래에 대한 의견이 분분하지만 분명한 것은 입사만 하면 어느 정도 미래가 보장되던 시절은 지나고 오로지 자신의 실력, 브랜드, 네트워크 자산에 의지해야 하는 시대가 도래했다는 사실이다. 지금은 조직이 전부인 것 같지만 조직은 결코 개인을 기억해주지 않는다. "조직이란 기억력이 좋지 못해서 과거 익숙했던 얼굴과 이름도 금세 잊어버린다. 한때는 내 말에 따라 움직이고 내 이름이 누구보다 중요하던 곳이라도 시간이 지난 뒤 가보면 아무 의미가 없다." 《코끼리와 벼룩》의 저자 찰스 핸디의 말이다.

저명한 학자들이 미래의 직장인 형태로 이야기하는 프리에이전트FA, 부르주아적 보헤미안bobos, 벼룩, 잡노마드Job Nomad는 조금씩 개념의 차이는 있지만 자유로운 인간, 독립적인 인간을 지칭한다. 조직형 인간에서 독립적인 인간이 되기 위해서는 꼼꼼히 준비할 필요가 있다. 준비 없이는 기회가 없고, 기회 없이는 미래도 없다.

먼저 철저하게 스스로를 연구해야 한다. 내가 아닌 것은 과감히 버리고 내가 가지고 있는 내면의 자산을 활용하여 유의

미한 것을 만들어낼 수 있어야 한다. 내가 아닌 어떤 것을 염원하거나 가장하는 것은 부질없는 짓이다. 자기 자신을 알려면 먼저 내가 아닌 것이 무엇인지를 알아야 한다.

직장을 다니면서 하고 싶은 일을 하는 회사를 한번 만들어볼 생각에 뜻을 같이하는 직장인들과 스터디를 한 적이 있었다. 이 과정에서 겪은 시행착오 한 가지는 사회가 제시하는 유망 직종의 유혹에서 자유롭기 힘들다는 점이었다. 밥벌이의 목소리를 외면하자니 두려웠다. 밥과 자유가 내 안에서 계속 으르렁거렸다. 비즈니스 모델을 찾지 못한 이유도 있지만 아직 용기와 마음의 준비가 부족하다는 생각이 들었다.

독립적인 인간은 하나의 직업이라기보다는 무소의 뿔처럼 혼자서 가겠다는 적극적인 각성이다. 이 각성은 참된 안정을 가져다준다. 진정한 안정은 확실한 직장이나 집의 소유 유무 등에 있지 않고 항상 우리 내부로부터 솟아나기 때문이다.

프랑스의 정신분석학자 라캉은 "인간은 타인의 욕망을 욕망한다"는 유명한 말을 남겼다. 내가 욕망하는 것 같지만 실제로는 부모님이나 친구의 기대, 사회의 가치관 등 나를 둘러싼 주변인의 욕망을 욕망한다는 것이다. 주위의 관심과 기대로부터 자유롭지 못하기 때문에 원하는 것을 억제하게 되고 진정 자신이 원하는 것이 무엇인지 잘 알지 못하고 확신이 부족하다. 자기 자신과 직접 대면하는 시간을 갖지 못해 타자의 욕망이 곧 나의 욕망으로 동일시된다. 따라서 욕망이 충족되었을 때 느끼는 행복 또한 온전히 내 것으로 누릴 수가 없다. 나이 들어 허망해지는 이유는 그 나이가 되도록 이룬 것이 없다는 한탄이 아니라 기껏 이룬 것이 내가 진정 원하는 것이 아니라고 느낄 때다. 먼저 타인의 기대를 저버리는 연습을 하자. 스스로 인생의 주인이 되도록 노력하자.

무언가를 하고 싶은 것, 욕망은 가장 강력한 동기부여다. 욕망이 없으면 무엇을 해내기 어렵다. 그러므로 욕망은 좋은 것이다. 우리는 하고 싶은 것과 해야만 하는 것 사이에서 많은 스트레스를 받는다. 이 불균형을 해소해야 건강한 삶을 살 수 있다. 우리 마음속 깊이 자리 잡고 있는 욕망에 귀를 기울여야 한다. 봉인된 욕망을 먼저 풀어주어야 한다. 욕망은 거대한 에너지다. 욕망은 끝이 없다. 욕망이라는 에너지를 내 삶에 적용하려면 적절한 관리가 필요하다. 책을 쓰고 싶으면 책을 읽고 글을 쓰는 시간을 할애해야 한다.

서머싯 몸의 소설 《달과 6펜스》의 주인공 스트릭랜드는 나이 마흔에 주식중개인이라는 안정된 직업과 가족, 재산을 모두 버리고 파리로 떠난다. 그림을 그리고 싶다는 간절한 욕망 때문이다.

"나는 그림을 그려야 한다지 않소. 그리지 않고서는 못 배기겠단 말이오. 물에 빠진 사람에게 헤엄을 잘 치고 못 치고가 문제겠소? 우선 헤어 나오는 게 중요하지. 그렇지 않으면 빠져 죽어요."

재능이 있는지는 그 자신도 확신할 수 없었지만 오로지 그림을 그리고 싶은 욕망에 휩싸였다. 남을 의식할 필요도 없었고 그것이 합리적인 판단인지는 아무 문제가 되지 않았다. 그저 예술 같은 삶, 삶 같은 예술을 추구하고 싶어 했다.

화가 고갱처럼 그는 세속을 떨치고 자신만의 파라다이스를 찾아 떠난다. 그리고 마침내 야성이 살아 숨 쉬는 타히티 섬에 들어가 예술혼을 불태운다.

그는 참으로 욕망에 충실한 화가였다. 어느 날 근원을 알 수 없는 욕망이 찾아왔을 때 그는 거부하지 않았다. 예술가의 삶이 그렇듯 현실에 안주하기보다 한 차원 높은 인생의 경지를 택했다. 평범한 사람이 어찌 스트릭랜드같이 살 수 있으랴. 그러나 우리도 스스로에게 하고 싶은 것을 찾아 해볼 수 있는 기회 정도는 줄 수 있다. 이제 우리의 일은 '의무'에서 '욕망'으로 전환되어야 한다. 자신의 숨겨진 진짜 욕망을 찾아보자. 당신이 정말 원하는 것은 무엇인가? 모든 일을 잘할 수는 없다. 자신이 아닌 다른 사람이 되려 애쓸 이유가 없다. *

* 7장의 'Step 4 진짜 욕망 찾기'를 참조해 하고 싶은 욕망을 써본다. 멈추지 말고 정해진 시간을 다 채울 때까지 의식의 흐름에 따라 맡겨보기를 권한다.

회사를
떠나기
3년 전

꿈을 꾸어야 꿈처럼 산다

꿈을 좇지 않는 인생이란 채소나 다름없다.

– 영화 '세상에서 가장 빠른 인디언' 중에서

가장 감명 깊게 본 영화를 꼽으라고 하면 나는 주저 없이 '쇼생크 탈출'을 추천한다. '희망'의 위대함과 매력에 푹 빠지게 하는 영화이기 때문이다. 유능한 회계사 앤디는 아내를 살해한 혐의로 기소되어 종신형을 선고받고 지옥 같은 쇼생크 감옥에서 수감생활을 시작한다. 앤디는 감옥에서 유일하게 희망을 잃지 않는 인물로서 희망을 일상으로 데려온다. 그에게 희망은 운이 좋으면 가능할지도 모를 먼 미래의 꿈이 아니다. 그는 불가능해 보이는 교도소 도서관 설립을 위해 한 주도 빠짐없이 주정부에 편지를 보낸다. 마침내 주정부의 대규모 지원을 받게 되고, 주정부가 보내준 책들에서 한 장의 낡은 LP판을 발견한다. 앤디는 확성기를 통해 LP판의 소리를 내보내고 교도소 전역에는 음악이 울려 퍼진다. 나는 아직도 모차르트의 '피가로의 결혼'에 나오는 '저녁 바람은 부드럽게'라는 오페라 선율을 잊을 수가 없다. 감옥 안의 모든 수감자들은 새가 되어 비상하고 교도소의 벽이 무너져 내리는 듯한 환상에 휩싸인다. 기적이었다. 아주 사소한 몸짓 하나가 일상을 변화시킨다. 앤디는 출구가 보이지 않는 상황에서도 희망을 잃지 않고 20년의 준비 끝에 마침내 탈출한다. 탈출 장면은 묘한 카타르시스를 느끼게 하는데 한동안 넋이 나갈 정도다.

봄에 꽃이 피는 것은 겨울 내내 준비한 까닭이다. 봄에는 활짝 꽃이 필 수 있다는 희망을 갖고 매일 조금씩 준비해야 한다. 앤디는 매주 편지를 써서 교도소에 도서관을 만들었고, 15센티미터의 돌 공예용 망치로 20년간 매일 조금씩 벽을 긁어내 자유로운 바깥세상으로 나아갔다. 우리에게 정말 필요한 것은 희망을 일상으로 초대하는 일이다.

꿈이 없다는 것은 희망 없이 하루하루를 흘려보내는 것과 같다. 헬렌 켈러는 "맹인으로 태어난 것보다 더 불행한 것이 무엇이냐?"라는 물음에 "시력은 있되 비전이 없는 것이다"라고 답했다. 사람들은 대부분 성공하지 못하는 이유를 기회가 없거나 능력이 부족해서 또는 운이 나빠서라고들 하는데 나는 꿈이 없다는 것이 큰 요인이라고 생각한다. 실제로 한 통계는 꿈 없이 살아가는 사람이 전체 인류의 87%에 이른다고 말한다.

꿈을 꾸어야 꿈처럼 살 수 있다. 우리는 이 당연한 말을 쉽

게 잊고 산다. 왜 꿈꾸지 않는가? 꿈을 찾아 나서는 것을 비현
실적인 이상으로 여기는 태도가 무의식에 자리 잡고 있기 때
문이다. '지금 당장 먹고살기도 힘든데 웬 꿈? 꿈이 밥 먹여
주나?' 하는 반문이 발목을 잡는다. 그렇지만 이루지 못한 꿈
은 언젠가 삶의 가장 큰 아쉬움으로 돌아온다. 우리는 하고
싶은 일, 잘하고 싶은 일을 하면서 살고 싶다는 욕망을 미루
고 현실이라는 차선을 택해왔는지도 모른다. 삶은 어느새 방
전된 자동차 배터리처럼 추진력을 상실한 듯 보인다.

왜 이렇게 시들시들하게 사는 것일까? 꿈이 없거나 꿈이 현
실의 제약을 벗어나 추동시킬 만큼 강력하지 못하기 때문이
다. 지금 필요한 것은 바로 선명한 꿈이다. 꿈은 시각화할 수
있어야 한다. 꿈은 구체적으로 작성해야 한다. 구체적이지 않
으면 허망하다.

잃어버린 꿈을 복원하기 위해서는 자신의 욕망에 충실해야
한다. 다른 사람의 꿈을 마치 자기 것인 양 그대로 모방하려
들면 결과는 뻔하다. 금방 지치고 이내 포기하게 된다. 그 꿈
이 진정 나의 것인지를 물어봐야 한다. 꿈은 내면의 절실함에
서 솟구쳐야 한다. 우리는 꿈을 꾸기 위해 필요한 요소를 이
미 내면에 지니고 있다. 현실을 망각하고 환상적으로 꿈을 꾸
자. 릴케의 《젊은 시인에게 보내는 편지》에 나오는 다음 대목
을 음미해보자.

"자기 자신 속으로 파고들어 가십시오. 그리하여 당신에게

쓰라고 명령하는 그 근거를 캐보십시오. 그리고 쓰고 싶다는 욕구가 당신의 가슴 깊숙한 곳으로부터 뿌리가 뻗어 나오고 있다면, 만일 쓰는 일을 그만둘 경우에는 차라리 죽어버릴 수 있는지 스스로에게 물어보십시오. 조용한 밤에 나는 정말 쓰지 않으면 안 될 것인가를 확인해보십시오. 그러고는 마음 밑바닥에서 흘러나오는 대답에 귀를 기울이도록 하십시오. 만일 그 대답이 쓰지 않고는 죽을 수밖에 없다는, 그 진지한 의문에 대한 명확한 대답을 내릴 수 있거든, 당신은 당신의 생애를 이 필연성에 의해서 만들어가십시오. 당신 생활의 하찮은 순간까지도 그 절박한 충동에 대한 증거가 되어야만 합니다."

이처럼 꿈은 자신이 간절히 원하는 것, 사랑하는 것을 끌어내야 한다. 당신이 좋아하는 사람, 당신이 하고자 하는 일을 해낸 사람을 잘 살펴보라. 시사점을 얻을 수 있을 것이다.

꿈을 그리기 어려운 또 하나의 이유는 현재의 눈으로 미래를 바라보기 때문이다. 꿈을 해야 할 일로 인식하고 과연 이루어질 수 있을까, 라는 가능성을 따진다. 이럴 때 유용한 방법이 '실현된 미래를 회상'하는 것이다. 타임머신을 타고 한 5년쯤 미래로 날아가서 자신의 모습을 회상해보자. 상상력을 충분히 동원해 구체적으로 적어보자. 지금 당신이 적은 꿈들은 미래의 시점에서 보면 이미 과거의 일이다. 꿈은 이제 돌이킬 수 없는 기정사실이 되어 있다. 오늘 현재는 꿈을 위해 복무한다. 이 말을 꼭 기억하자. "꿈을 날짜와 함께 적어놓으면 그것은 목표가 되고, 목표를 잘게 나누면 그것은 계획이 되며, 그 계획을 실행에 옮기면 꿈은 실현된다."

꿈은 사람을 흥분시키고 열정을 만들어낸다. 삶의 활력과 에너지를 선사한다. 꿈이 있기 때문에 우리는 노력한다. 그래서 꿈은 성공의 출발점이다. 꿈을 이루기 위해서는 주기적으로 자신을 되돌아보고 질문을 해야 한다. 과연 어떤 삶을 살고 싶은가? 진정 원하는 삶을 살고 있는가? 지금 당장 죽어도 후회하지 않을 삶을 살고 있는가? 이 질문이 우리를 살아 있게 만든다. 우리를 깨우고 다시 꿈꾸게 한다.

꿈이 한낱 꿈으로 끝나지 않으려면 꿈을 절실하게 소망해야 한다. 간절히 원하면 이루어진다. 꿈은 씨앗과 같다. 처음에는 미미하나 후에는 심히 창대한 것, 그것이 꿈이다. 매일 열심히 꿈이 가리키는 방향으로 열과 성을 다하면 어느 날 문득 바라던 꿈의 현실과 조우하게 될 것이다.

꿈으로 가는 작은 계단

> 꿈은 실현되기 위해 존재한다. 꿈을 간직하면 반드시 실현의 기회가 주어질 것이다.
>
> － 괴테

꿈이 현실로 이루어지기 위해서는 꿈과 현실 사이에 계단을 놓아야 한다. 꿈으로 가는 로드맵을 그려야 한다. 꿈이란 일종의 청사진이다. 아직 완성된 건물이 아니다. 실제로 건물을 짓기 위해 필요한 단계와 흐름을 만들어야 한다. 꿈의 로드맵을 작성하여 사무실이나 집 벽면에 붙이면 좋다. 좋아하는 롤모델의 사진을 같이 붙여두면 더욱 동기부여가 될 것이다.

꿈으로 가는 중간 경유지를 정하고 작은 성취를 만들어라. 그곳에 도착하면 작은 승리를 만끽하라. 꿈으로 가는 여정은 결코 쉬운 길이 아니다. 이 과정을 이기지 못해 우리는 지치고 포기한다. 꿈이 '향후 5년 동안 5권의 책을 출간하기'라면 매년 책을 준비할 때마다 자축할 수 있는 상징적인 날을 만들어라. 하나의 챕터를 작성할 때마다, 또는 초고를 끝냈을 때

축하하는 것도 좋다.

전체적인 로드맵이 완성되면 이제 꿈이 오늘 일상으로 쳐들어오게 해야 한다. 오늘 하루가 꿈에 이르는 한 개의 계단이 되어야 한다. 로드맵에 따라 꿈을 하루 단위로 잘게 나눈다. 꿈을 분해하는 최소 단위의 기준은 바로 '꿈을 위해 오늘 할 수 있는 것'이다. 꿈의 다짐을 실천해나갈 때 가장 큰 장애물은 시간이다. 우리는 늘 '시간이 많으면 더 투자할 수 있을 텐데……'라며 변명한다. 최소 하루 두 시간은 꿈과 관련된 일에 쏟아부을 수 있도록 최우선으로 확보하고 실행해야 한다. 책을 내고 싶다면 오늘 당장 멋진 노트를 한 권 사자. 아름다운 전원주택에 살고 싶다면 당장 교외로 드라이브를 가자. 멋진 집을 살펴보고, 부동산 중개소에도 들러보자. 오늘 하루가 꿈을 위해 조금씩 사용된다면 꿈의 현실화에 깊숙이 발을 들여놓은 것이다.

박노해 시인은 〈아직과 이미 사이〉라는 시를 통해 일상으로 침투한 꿈과 희망에 대해 이렇게 멋지게 표현했다.

'아직'에 절망할 때
'이미'를 보아
문제 속에 들어 있는 답안처럼
겨울 속에 들어찬 햇봄처럼
현실 속에 이미 와 있는 미래를

아직 오지 않은 좋은 세상에 절망할 때
우리 속에 이미 와 있는 좋은 삶들을 보아
아직 피지 않은 꽃을 보기 위해선
먼저 허리 숙여 흙과 뿌리를 보살피듯
우리 곁의 이미를 품고 길러야 해

저 아득하고 머언 아직과 이미 사이를
하루하루 성실하게 몸으로 생활로
내가 먼저 좋은 세상을 살아내는
정말 닮고 싶은 좋은 사람
푸른 희망의 사람이어야 해

꿈은 벗들과 나누어야 한다. 몇 년 전 꿈을 찾는 프로그램에 다녀오면서 꿈이 이루어질 수 있도록 도와주는 꿈벗을 만났다. 꿈이 있는 사람들과의 만남은 아주 기분 좋은 일이다. 서로의 꿈이 가슴에서 가슴으로 파동하듯 전달된다. 기억하라. 꿈은 나를 위해 존재하지만, 다른 사람과의 관계 속에서 이루어진다는 것을. 그리고 한 사람의 꿈은 꿈이지만 만인萬人의 꿈은 현실이라는 것을.

나는 꿈이 있어야 자기답게 살 수 있다고 믿는다. 꿈이 우리를 만든다. 꿈이 있어야 변화의 기초 원동력인 절실함이 긍정적인 힘으로 전환된다. 하여 꿈꾸는 사람의 미래는 꿈꾸지

회사를
떠나기
3년 전

않는 사람의 미래와 현저하게 다를 것이다. 그리고 우리에게
는 우리가 바라는 미래를 만들 수 있는 충분한 힘이 있다. *

전환의

기술

* 7장의 'Step 5 브리지 오버 더 레인보우'를 참조해 지금부터 5년 후로 날아가서 자신이 바
라는 모습을 떠올려보자. 그대의 꿈이 구체적으로 기록될 것이다.

The
Turning Point
School for 3050

강점 위에 전문성을 키워라

: 나는 무엇으로 유명해지고 싶은가?

3

인생 2막 준비를 단 한 번에 해결할 수 있는 완벽한
처방전이란 있을 수 없다. '가급적 빨리, 장기적인 관점에서,
체계적으로 준비하는 경력설계'만이 유일한 해법이다.

– 피터 드러커

전문성Professionalism을 탑재하라. 전문성은 자신이 가장 잘할 수 있는 강점을 바탕으로 키워야 한다. 전문성은 조직에서 제 역할을 충분히 해내는 구성원으로 만들면서, 개인으로서 이름을 알릴 수 있게 해준다. 전문성은 스스로 밥그릇을 만들고 죽을 때까지 현역으로 남게 할 수 있는 힘이다. 전문가가 되려는 사람은 먼저 '나는 이 일로 세상에 나를 우뚝 세우리라' 라는 뜻을 마음에 새겨야 한다. 그런 다음 자신과 잘 어울리는 영역을 찾아 특화시켜야 한다. 나를 평생 먹고살게 해줄 나만의 차별화된 기술을 계발하고 이를 주목할 만한 성과로 입증하자. 이룬 것 없이 속절없이 시절을 보낸다면 견디기 어려운 후회가 따라온다.

나에게도 위대함은 있다

나 가진 재물 없으나

나 남이 가진 지식 없으나

나 남에게 있는 건강 있지 않으나

나 남이 없는 것 있으니

나 남이 못 본 것을 보았고

나 남이 듣지 못한 음성 들었고

나 남이 받지 못한 사랑 받았고

나 남이 모르는 것 깨달았네

공평하신 하나님이

나 남이 가진 것 나 없지만

공평하신 하나님이

나 남이 없는 것 갖게 하셨네

– 송명희, 〈나〉

송명희 시인. 그녀를 대학 시절에 알았다. 교회에서 그녀의 시 〈나〉에 곡을 붙인 노래를 많이 불렀다. 그녀는 중증 뇌성마비 장애인이다. 태어날 때 의사의 실수로 뇌를 다쳐 일곱 살까지 꼼짝없이 누워 지냈다. 집이 가난해서 치료도 받을 수 없었다. 숟가락을 손에 쥔 게 열 살 때라고 한다. 희망은 없었다. 죽고 싶었고 자살을 생각했다.

그러다 그녀는 다시 세상에 나온다. 송명희 시인은 남에게 없는 자기 자신의 강점을 발견하고 기뻐했다. 뒤틀리는 입으로 1,500회 이상의 강연을 했고, 뒤틀리는 손으로 20권 이상의 책을 쓰고 100곡이 넘는 노래에 가사를 담았다. 1997년부터는 거의 전신에 마비가 퍼져 말도 못하고 글도 잘 못 쓴다고 한다. 그렇지만 여전히 감사하는 삶을 살고 있다. 그녀에게 장애는 아무 문제가 되지 않는다.

그녀의 시를 음미해보자. 뇌성마비 1급 장애인이 남과 비교해 가진 게 뭐가 있을까? 못 가진 것투성이다. 그렇지만 그녀는 우연한 계기로 자신을 발견하고 사랑하게 되었다. 모든 일에 감사하게 되었다. 우리는 가진 것에 감사하기보다는 없는 것에 슬퍼하고 분노한다. 세상에 나보다 불행한 사람은 없는 것처럼 청승을 떨기도 한다. 가족과 세상을 원망한다. 곰곰이 자신을 살펴보라. 우리는 세상에 하나밖에 없는 유일하고 소중한 존재다. 우리 모두에게는 남에게 없는 강점이 있다.

재능 또는 강점은 특별한 사람에게만 있다고 생각하는가?

그렇지 않다. 재능이 없다고 말하는 사람들은 대부분 별로 시도해본 일도 없는 이들이다. 누구에게나 타고난 재능이 있다. 발견하지 못해 활용을 못하고 있을 뿐이다. 그런 의미에서 "인생의 진정한 비극은 우리가 충분한 강점을 갖고 있지 않다는 데 있지 않다. 오히려 갖고 있는 강점을 충분히 활용하지 못한다는 데 있다"는 벤저민 프랭클린의 말은 참으로 적절하다.

강점은 타고난 특별한 능력이나 소질을 말한다. 정의하자면 '생산적으로 쓰일 수 있는 사고, 감정, 행동의 반복되는 패턴'이다. 생산적인 쓸모가 있어야 강점이다. 그리고 한 번만 나타난다면 강점이라 보기 어렵다. 강점이 반복적이라는 의미는 뇌의 비밀과 관련이 있다. 강점은 개개인이 지닌 뇌 회로(synapse, 뇌세포를 연결하는 가느다란 줄)가 어떻게 연결되어 있느냐에 따라 다르게 발현된다. 인간의 사고와 행동은 뇌세포 간의 연결이 얼마나 적절하게 형성되어 있느냐에 달려 있기 때문이다. 이 연결 중에서 가장 강력한 것이 바로 강점이다. 태어날 때부터 세 살까지 만들어진 수십억 개의 시냅스는 열여섯 살이 되면 절반 이상이 끊어진다고 한다. 그리고 한 번 끊어진 시냅스는 재생되지 않는다고 한다. 이때 남아 있는 회로가 그 사람의 특징을 만든다. 커뮤니케이션을 잘하게 하는 회로, 경쟁심을 자극하는 회로일 수 있다. 따라서 자기 분야에서 일 잘하고 성공하기 위해서는 먼저 자신의 강점, 즉 뇌 회로가 어떻게 만들어졌는지를 파악해야 한다.

강점을 발견해야 하는 이유는 강점을 활용하기 위함이다. 강점을 활용할 수 있어야 성공할 수 있기 때문이다. 탁월해지기 위해서는 강점의 도움을 받아야 한다. 학습을 통해 얻은 지식과 기술은 새로운 시냅스 결합을 얼마쯤 만들어낼 수는 있지만 뇌 회로를 재편성하지는 못한다. 의사소통 능력이 없는 사람은 성실히 영업을 하면 어느 수준에는 이를 수 있지만 남들에게 인정받을 만큼 크게 성공하기는 어렵다.

약점으로 성공하기는 더더욱 어렵다. 그렇다고 개선의 노력을 하지 말라는 말은 아니다. 자신의 약점을 있는 그대로 받아들이면 된다. 약점을 관리하는 것은 실패를 예방하라는 뜻이지 약점이 강점으로 승화될 수 있다는 의미는 아니다.

살아가면서 우리는 매 순간 의사결정을 해야 한다. 우리 앞에 놓여 있는 하루하루는 소소한 결정의 순간들의 집합체다. '내년에 어떤 경영혁신을 추진해야 하는지, 인도에 지사를 설립해야 하는지'와 같은 대단한 내용이 아니다. 안부 전화를 할까? 점심은 누구랑 뭘 먹으러 갈까? 책을 주문할까? 회의를 언제 해야 할까? 누가 참석해야 하고 어디서 해야 하지? 등등 일상의 연속이다. 강점은 의사결정에 큰 영향을 끼친다.

강점에 기반한 의사결정은 자연스럽다. 선택의 순간에 우리 뇌는 거의 무의식적으로 가장 발달되고 저항이 적은 뇌 회로의 결합, 즉 강점을 따른다. 이것이 자연의 섭리다. 강점이

인도하는 삶은 자연스러움을 따르기 때문에 편안하다. 삶이 즐거워진다. 강점과 결합된 일을 하지 않으면 일이 괴롭다. 당연히 성과와 만족도 떨어진다.

강점은 수많은 의사결정의 순간에 반복되어 나타나지만 평범한 일상에 감춰져 있어 발견하기가 쉽지 않다. 그렇지만 강점을 찾는 노력을 포기해서는 안 된다. 강점 없이 성공하기란 거의 불가능에 가깝기 때문이다. 자기다운 삶으로의 변화를 위해서 꼭 필요한 일이다.

아리스토텔레스는 좋은 삶을 '에우다이모니아eudaimonia'라 했는데 '행복'이라는 뜻이다. 경영사상가 찰스 핸디는 에우다이모니아를 자신이 가장 잘하는 분야에서 최선을 다하는 것으로 해석했다. 잘하는 분야에서 최선을 다하면 당연히 행복하지 않을까? 자신의 강점을 끄집어낸다는 것은 단순히 어떤 일을 잘하는지 찾아내는 게 아니라, 나의 위대함을 찾아내는 것이다.

인생에서 내가 컨트롤할 수 있는 부분은 내 강점뿐이다. 나는 죽기 전에 남김없이 나를 사용하고 싶다. •

• 7장의 'Step 6 강점 목록 만들기'를 참조해 나의 강점을 찾아 적어보자. 자신에 대한 연구를 통해 스스로 강점에 확신을 갖는 것이 중요하다.

● ● ● ● ● ●

강점을 발견하는 6가지 열쇠

수년 전에 변화경영연구소 연구원들과 강점을 찾는 방법론을 연구하여 한 권의 책으로 펴낸 바 있다(《나는 무엇을 잘할 수 있는가》, 고즈윈). 우리는 강점이 중요하다고 하면서도 실제로 강점을 찾는 방법을 친절하게 알려주는 책이 없다는 점에 착안해 저술을 시작했다. 물론 Strength Finder 등의 전문도구가 있지만, 강점은 본래 자기를 되돌아봄으로써 찾는 게 가장 정확하고 확실하기에 6가지 방법론을 고안하고 실제 따라 해볼 수 있는 구체적인 가이드를 만들었다. 6개의 방법은 자기 인생의 연대기를 그려보면서 강점을 찾는 산맥 타기, 부모를 통해 자신의 기질을 찾는 DNA 분석, 자신이 강렬하게 하고 싶은 것을 통해 강점을 찾는 욕망 분석, 자신이 흠뻑 빠졌던 경험을 통해 강점을 찾는 몰입 분석, 그동안 일에서 탁월한 성과를 냈던 경험을 통해 강점을 찾는 피드백 분석, 도구 검사와 자기 기록 및 성찰 등 종합적인 방법을 통해 강점을 찾는 내면 탐험 등이다.

1) 산맥 타기

하루에 밤낮이 있고 일 년에 사계가 있듯이 인생 역시 주기가 있다. 누구에게나 침체기가 있고 상승기가 있다. 상승과 하강은 서로 엮여 있으며, 끝없는 흐름으로 이어져 인생을 만든다. 그러므로 우리가 기억하는 상승과 하강 체험에는 개인이 지닌 욕구와 강점이 고스란히 녹아들어 있다. 산맥 타기는 자신의 기억에 있는 구체적 경험을 건져 올려 −7점부터 +7점까지 점수로 표시함으로써 인생의 연대기를 시각적으로 구성하는 방식이다. 연도별로 찍힌 각 점을 이어나가면 부정적 경험과 긍정적 경험으로 오가는 거대한 산맥이 한눈에 펼쳐진다. 그 각각의 경험을 하나씩 세밀하게 분석함으로써 자신의 강점과 내적 욕구를 찾아보는 방법이다.

2) DNA 분석

DNA 코드 발견이란 우리의 또 다른 거울, 가족에 비추어 자신의 내면을 보는 방법이다. 골수와 DNA에 녹아 있는 '저항할 수 없는' 기질적 특성에 대해 가족과의 장면을 떠올리거나, 그들을 인터뷰하여 얻는다. 나와 닮을 수밖에 없는 사람들, 특히 부모님을 관찰함으로써 자신을 객관적으로 돌아볼 수 있고, 잘 보이지 않던 강점들을 알아낼 수 있다. 이 방법은 기질적 특성을 발견하는 것 이외에도 내면의 상처를 치료하거나, 가족과의 관계를 회복하는 데도 도움이 된다. 현재에 영향을 미치는 무의식 속 기억은 대부분 가족과 함께했던 어린 시절과 관계가 있기 때문이다.

3) 욕망 분석

꿈은 소망, 호기심, 관심, 열광하는 것들에서 발생한다. 내가 자연스럽게 끌린 것은 무엇인가? 무언가에 나도 모르게 끌리는 것은 내 안에 그에 호응하는 무언가가 있다는 신호다. 욕망 분석은 하고 싶은 것(욕망)을 따라가며 나의 진짜 욕망을 발견하는 과정이다. 욕망을 찾고, 가짜 욕망을 걸러낸다. 그리고 그 안에 남겨진 것을 들여다보며 그것이 내게 무엇을 말하는지 찾는 것이다. 이를 통해 얻을 수 있는 효과는 크게 두 가지다. 첫째, '아, 나란 인간이 이렇구나!' 하고 자기 기질을 알고 이해하게 된다. 생각보다 훨씬 더 멋진 자신을 발견하게 될지도 모른다. '내가 이런 사람이었어?' 하며 고개를 빼고 돌아보게 되는 것이다. 둘째, 욕망을 재발견하게 된다. 욕망 분석은 하고 싶은 마음을 넘어, 그 마음을 움직이는 게 무엇인지 보는 일이다. 이로써 당신이 어떤 삶을 꿈꾸는지를 살펴볼 수 있을 것이다.

4) 몰입 경험

몰입 경험이란, 이제껏 살아오면서 누가 시키지 않아도 깊이 빠져들었던 경험을 말한다. 사람에 따라서 그것은 스포츠, 예술 같은 영역부터 게임과 도박같이 비사회적인 영역까지 다양

할 것이다. 일단 비사회적인 영역은 논외로 하고, 순기능적인 몰입 경험 속에 강점이 숨어 있다고 전제해보자. 자발적으로 몰입한다는 것은 그 일을 좋아한다는 것이고, 좋아하는 일을 오랜 기간 반복해오면서 강점으로 다져졌을 가능성이 아주 크기 때문이다.

5) 피드백 분석

피드백 분석이란 자신이 선택한 일의 예상 결과를 기록한 후 실제 결과와 비교하여 잘한 분야가 무엇인지, 그 분야에 자신의 어떤 강점이 발휘되었는지 살펴보는 강점 발견 방법이다. 피터 드러커가 자신의 강점을 발견하는 유일한 방법이라고 추천할 만큼 강점을 찾는 확실한 방법이다. 왜냐하면 성과는 오로지 강점을 통해서만 발휘될 수 있기 때문이다. 스스로 제 행동을 되돌아보는 것만큼 훌륭한 자기계발은 없다. 강점 발견 이외에 어떤 지식과 기술을 더 개발해야 하고 어떤 습관을 고쳐야 하는지, 어떤 분야를 더는 하지 말아야 하는지를 부수적으로 깨닫게 된다.

6) 내면 탐험

내면 탐험이란 외부(강점 전문 검사도구)와 내부(기록물, 타인이 보는 나 등)에서 자신의 강점에 관한 단서들을 수집하고 분석해 그 결과를 자신의 언어로 정리하는 것이다. 내면 탐험의 장점은 강점

발견에 있어 신뢰할 수 있는 객관적인 전문도구와 자기 안에

있는 주관적인 정보 둘 다를 다룬다는 점이다. 이를 통해 보다

체계적이고 통합적으로 강점을 발견할 수 있다.

열정 = 욕망 x 꿈 x (재미 + 성취)

열정熱情은 말 그대로 뜨거운 정이다. 불타오르는 감정의 강렬한 자극이다. 제 몸에 불이 붙었다 하면 하염없이 뜨거워지는 연탄 같은 것이다. 누구든 하고 싶은 일을 하면 열정이 생긴다. 열정을 표현하는 방식이 다를 수는 있겠지만 열정은 몰입하게 한다. 하지만 세월이 흘러 어른이 되면 열정은 찬밥처럼 싸늘하게 식기 쉽다. 왜 그럴까? 세월이 흐를수록 변화보다는 현실에 안주하고 타협하려는 안정희구성향도 중요한 원인 중의 하나다. 그렇지만 열정이 사그라지는 근본적인 이유를 나는 '욕망의 부재'에서 찾고 싶다. 하고 싶은 것, 그것이 욕망이다. 어릴 적 꿈꾸었던 욕망은 성장하면서 억압되기 쉽다. '하고 싶은 것'보다 '해야 하는 것'이 일상을 지배하게 되면 삶은 의무감으로 가득 차 시들해진다.

열정을 타오르게 하기 위해서는 먼저 '내가' 하고 싶은 것을 찾아야 한다. 열정은 외부에서 주어지지 않는다. 열정이란 어떤 특정한 사건이 아니라 우리 안에 항상 존재하는 에너지다. 마치 광합성을 통해 스스로 에너지를 만들어내는 나무와도 같다. 열정은 Ardor라는 희랍어에서 유래했다고 하는데 이 말은 '내 안에 신이 있다'는 뜻이다. 따라서 열정은 소유하고 있느냐의 문제가 아니라 그것에 얼마만큼 다가가고 있느냐가 중요하다. 열정은 잘 조절하고 이용하는 문제인 것이다.

내면의 욕망을 찾는다고 해서 열정은 쉽게 타오르지 않는다. 그것은 열정의 시작일 뿐이다. 열정에 생기를 불러일으켜야 한다. '나는 이 일로 삶의 전기를 마련할 것이며 크게 성공할 것이다'라는 강한 믿음이 있어야 한다. 이것을 우리는 꿈이라 부른다. 십 년 후 어느 날, 꿈을 이룬 멋진 나의 모습을 상상해보라. 구체적으로 기록해보라. 가슴 뛰는 삶이 우리를 인도할 것이다. 더 열정적인 모습으로 변모할 것이다.

열정은 스파크가 아니다. 열정은 지속적으로 타오르는 힘이다. 열정이 오래가기 위해서는 재미와 성취라는 요소가 가미되어야 한다. 재미와 성취는 열정을 지속시키는 쌍두마차다. 재미는 능력과 난이도의 함수관계다. 일이 자신의 능력보다 과한 일이면 쉽게 포기하고 쉽게 달성할 수 있는 일이면 재미가 떨어진다. 재능과 일의 난이도를 적당히 조절하면 일에 몰입할 수 있다. 몰입은 성취를 낳고 성취는 다시 열정을 불러일으킨다. 이것이 열정 공식이다.

열정 = 욕망×꿈×(재미＋성취)

* 욕망: 재료, 꿈: 방향, 재미/성취: 지속성

한 가지 주의하자. 열정과 의지를 혼동해서는 안 된다. 열정을 불굴의 의지로 착각하는 경우가 많다. 실리콘밸리의 가상의virtual CEO인 랜디 코미사는 《승려와 수수께끼》라는 책에서 "열정이란 어쩔 수 없이 어떤 대상에 끌려드는 것을 말하며 반면 의지란 해야만 한다고 생각되는 일로 떠밀려 가는 것이다"라고 말한다. 나는 이 말에 전적으로 동의한다. 자기 자신에 대해 알지 못하는 사람은 이 두 단어의 차이를 구분하기 어렵다. 내가 하고 싶은 것을 발견하지 못한 사람은 열정을 가지고 있다고 보기 어렵다. 다른 사람이 만들어놓은 길을 가는 것은 열정보다 의지에 가깝다. 의지는 자발적인 것이라기보다는 의도와 목표에 입각한 것이다.

열정은 의지 이상의 것이다. 인생이 자신이 가진 모든 것을 남김없이 쏟아붓고 가는 것이라고 할 때 열정은 쏟아붓는 힘이다. 열정 없이 성취된 위대함은 없다. 열정을 품고 전심을 다한다면 그 열정은 메아리처럼 되돌아와서 우리를 더욱 열정적으로 만들 것이다.

탁월한 성과를 내는 5가지 원칙

일에서 즐거움을 발견하는 비밀은 '탁월함'이라는 단어에 있다. 어떤 것을 능숙하게 해내는 방법을 아는 것이 그 일을 즐기는 것이다.

– 펄 벅

인류의 노동집단은 사냥꾼에서 농부, 임노동자, 육체 근로자, 지식 근로자로 진화해왔다. 20세기의 인구혁명은 폭발적인 인구증가와 평균수명 연장이라는 양적인 변화뿐 아니라 특별한 기술을 요하지 않는 미숙련 육체 근로자들이 지식 노동을 우선으로 하는 지식 근로자로 탈바꿈하게 하는 결정적 계기였다. 오늘날 지식 근로자의 수는 어떤 노동력 집단보다 많고 그 수는 계속 증가할 전망이다. 지식 근로자는 그를 필요로 하는 조직이 있어 일을 하지만 스스로 생산 수단, 즉 지식을 머릿속에 갖고 있기 때문에 독립적으로 활동할 가능성이 크다. 그러나 자신의 전문 분야에 대해 누구보다 앞서거나 성과를 내지 못하면 쓸모없는 존재가 되기 쉽다.

피터 드러커는 《프로페셔널의 조건》에서 지식 근로자가 처한 현실을 다음과 같이 네 가지로 설명한다.

1. 지식 근로자는 다른 사람을 위해 시간을 할애해야 하는 경우가 많다.

2. 지식 근로자는 자신이 살고 있고, 또 일하고 있는 현실을 바꾸기 위해 적극적인 행동을 취하지 않는 한 '일상 업무'에 쫓겨 다닐 운명에 처해진다.

3. 지식 근로자로 하여금 성과를 내지 못하도록 하는 현실은 그가 '조직' 내에서 일하고 있다는 것이다. 지식 근로자가 조직에서 일하고 있다는 사실은 자신이 공헌한 바를 다른 사람들이 활용하는 경우에만, 비로소 실질적인 성과를 올릴 수 있음을 의미한다.

4. 마지막으로 지식 근로자는 조직 '내부'의 세계에 존재한다. 대체로 지식 근로자는 외부 세계에서 무슨 일이 일어나는지에 대해 직접적으로 알지 못한다. 모든 결과는 조직의 외부에 드러난다. 예컨대, 기업의 유일한 결과는 제품과 서비스를 구매함으로써 기업이 투입한 비용과 노력이 기업의 수입과 수익으로 전환될 수 있도록 해주는 고객에 의해 창출된다.

이 네 가지 현실은 지식 근로자가 존재하기 위한 필요조건이다. 지식 근로자는 스스로 이 현실을 통제할 수 없고 또한 현실은 지식 근로자가 성과를 올리지 못하도록 방해한다. 지식 근로자가 처해 있는 현실을 요약하면 '일상과 조직'이다. 이 두 가지를 반드시 기억하라.

지식 근로자는 성과를 올려야 유능함을 인정받을 수 있다. 즉 목표를 달성해야 한다. 그렇지만 일상과 조직이라는 울타리에서 성과를 달성해야 하기 때문에 제약이 따르고, 성과를 내기 위해 각별한 노력을 기울이지 않으면 시간이 갈수록 현실은 우리를 쓸모없는 사람으로 밀어낼 것이다.

일상 업무라는 것이 그렇듯이 어떤 일이 성과에 기여하는지 구분하기가 쉽지 않다. 그저 바쁘게 지내다 보면 하루가 쏜살같이 지나간다. 그리고 조직에 속해 있다는 것은 조직 내의 사람에게만 초점을 두어 조직 외부에 있는 사람들, 즉 고객에게 만족할 만한 성과를 제공해야 한다는 사실을 잊어버리게 한다.

일을 열심히 하는 것은 중요하다. 그러나 열심히 하는 것으로만 일을 대해서는 안 된다. 일에 쏟은 시간의 양과 성공은 비례하지 않는다. 조직을 떠나 자기 비즈니스를 할 때는 직장 생활처럼 열심히만 한다고 월급을 받는 것이 아니라 제대로 성과를 내야 돈을 벌 수 있다. 따라서 직장생활을 할 때부터 성과 중심으로 일을 하는 습관이 중요하다. 탁월한 공을 세워야 한다. 성과 중심으로 일을 한다는 것은 무엇을 말하는가?

나는 이 물음에 다섯 가지 원칙을 들어 답하고 싶다.

첫째, 일에 대해 먼저 생각한다. 막 직장생활을 시작한 햇병아리 시절의 일이다. 당시는 군대용어로 말하면 사수와 조수의 위계질서가 뚜렷한 때로 나의 사수는 신神이라 불릴 정도로 일을 참 잘했다. 몇 시간에 걸쳐 작성한 보고서, 작업계획서, 프로그램 소스 등을 가져가면 단 1분도 안 돼 고쳐야 할 부분을 펜으로 정확히 집어냈다. 짜증이 올라오기도 했지만 귀신같은 솜씨를 당해낼 재간이 없었다.

연차가 조금씩 쌓이면서 점차 사수의 탁월함이 이해되었다. 그는 어떤 일을 시작하기 전에 항상 1층부터 18층까지 계단을 오르락내리락하는 버릇이 있었다. 계단을 어슬렁거리면서 곰곰이 생각했다. '이 일이 도대체 필요한 것인가?', '일을 어떤 방향에서 추진해야 하는가?' 청사진이 그려지면 관련 자료를 수집하고 정리를 한다. 그런 후에 동료의 의견을 듣고 본격적인 작업을 진행한다. 일의 원리와 목적, 방향을 내재화하는 습관이 쌓이다 보니 내공이 깊어진다. 그래서 아무리 열심히 해봤자 사수의 손바닥 안에서만 노니는 결과가 된 것이다.

일의 맥락을 생각하지 않고 진행을 서둘다 보면 처음에는 신속하게 이루어지는 것처럼 보이지만 나중에는 시간에 쫓기기 쉽다. 일을 해치우는 데 집착하고, 꼭 하지 않아도 될 일을 하게 된다. 일의 방향이 바뀌거나 고객의 요구사항이 변경되면 처음부터 다시 작업을 해야 한다. 그러니 생각하는 것이 효과적인 일의 시작이다.

둘째, 우선순위에 따라 일을 처리한다. 우리는 해야 할 일은 많은데 늘 시간에 쫓겨 산다. 일어난 순서대로, 또는 급한 순서대로 일을 처리하다 정작 중요한 일을 하지 못해 후회한 경험이 누구나 있을 것이다. 지금 하고 있는 일을 약 20~30개의 세부 작업으로 나누고 업무 중요도와 재능 적합도를 기준으로 분류해보자. 업무 중요도는 상사와 회사의 기준을 따르고 재능 적합도는 일에 대한 나의 재능(강점)을 따른다. 이 중에서 업무 중요도와 재능 적합도가 높은 세 가지 일을 골라 모든 시간과 노력을 투자하라. 연초에 시작한다면 연말까지 자신만의 성과를 거둘 수 있을 것이다. 몇 년을 꾸준히 하면 어느새 자신 있게 내세울 성과들을 이룰 수 있을 것이다.

셋째, 일의 결과에 초점을 맞춰야 한다. 자동차나 선박을 만들 때는 '작업 그 자체'에 초점을 맞춘다. 그러나 기획, 인사업무 같은 지식 노동은 '결과'에 초점을 두어야 한다. 지식 근로자는 자동차, 스마트폰, 컴퓨터와 같이 눈에 보이는 아웃풋을 생산하지 않는다. 대신에 지식과 아이디어, 정보를 문서 형태로 만들어낸다. 그래서 결과물 자체에는 큰 의미가 없다고 여기고 노력 자체에 몰두하는 경향이 있다. 결과물이 어떻든 오늘 내가 열심히 하면 된다는 사고방식에 빠지기 쉽다.

지식 노동자가 만들어낸 아웃풋은 다른 사람이 활용할 수 있을 때 의미가 있다. 따라서 아웃풋의 질이 중요하다. 일을 시작하기 전에 내가 만들어낼 아웃풋의 이미지를 먼저 그려 보자. 내가 만들어낸 성과물이 조직의 다른 사람에게 유용하게 쓰이기를 바라는 마음으로 일을 하면 세상이 아주 달라 보여 지금 가진 능력을 최대한 발휘하려 할 것이다.

넷째, 일에 몰입해야 한다. 1980년 퍼블릭 어젠다 포럼Public Agenda Forum이 비관리직 인원을 대상으로 조사한 결과를 보면 직장인들의 일에 대한 강한 몰입이 부족하다는 것을 알 수 있다. 조사 결과를 보면,

- 직장인들 중 4분의 1만이 자신의 능력을 다 바쳐 일한다.
- 반이나 되는 직장인들이 업무 수행에 별로 노력을 기울이지 않는다. 그저 직장을 유지할 수 있는 정도에 그친다.
- 75%가 지금보다 훨씬 더 효과적으로 일할 수 있다고 생각한다.
- 60%가 예전보다 덜 열심히 일한다고 생각한다.

조금 오래된 통계지만 지금과 별반 차이가 없다. 왜 이렇게 일에 대한 몰입이 부족할까? 가장 큰 이유는 내 일이 아니라고 생각하기 때문이다. 남의 일을 내가 뼈 빠지게 할 필요가 있느냐는 것이다. 일을 방만하게 벌이는 것도 원인이다. 몰입하려면 집중해야 한다. 집중은 한 번에 한 가지 일만 한다는 뜻이다. 그리고 소중한 것부터 먼저 한다는 뜻이다. 집중한다

면 우리를 가로막는 어떤 것이라도 뚫고 나갈 수 있다.

다섯째, 실행능력execution을 키워야 한다. 실행능력은 성과를 만들어내는 힘이며 추진력이다. 좋은 비전과 전략을 세우고 핵심역량을 갖추었는데도 실제 성과로 이어지지 않는 이유는 실행력 때문이다. 무엇을 해야 할지 몰라서 못하는 경우가 있고, 알면서도 실행에 옮기지 않는 경우가 있다. 무엇을 해야 할지 모르는 경우라면 동기부여에 힘쓰고 교육을 통해 가르쳐주면 되므로 오히려 쉽다. 정작 문제는 알면서도 실행이 따르지 않는 경우가 답답하고 난감하다. 실행능력은 습관이다. 습관을 들이려면 끊임없이 노력하는 방법밖에 없다. 몸에 진득하게 배어야 한다. 이제 실행하는 것이 힘인 시대가 되었다. 실행이 없는 비전은 일장춘몽에 지나지 않고 일의 성과를 기대하기 힘들다.

우리는 자기 능력에 비해 낮은 수준의 목표에 초점을 맞추는 경향이 있다. 결과가 아니라 노력 자체에 몰두한다. 그러나 사람은 스스로 설정한 기준에 따라 성장한다. 만약 되고자 하는 목표를 높게 잡으면, 위대한 존재로 성장할 것이다. 자신이 선택한 분야에서 무난하고 쉬운 목표보다는 확연한 차이를 낼 수 있는 높은 목표를 세워라. 그리고 자신의 능력과 존재를 성과로 연결시키기 위해 끊임없이 노력하는 실행능력을 키워라.

예전에 함께 일했던 동료와 오랜만에 만나 저녁식사를 한

적이 있다. 그는 여전히 그 직장을 다니고 있었다. 자연스럽게 추억과 무용담이 오갔다. 그가 잠시 뜸을 들인 후에 이렇게 말했다.

"형, 우리 회사는 아직도 형이 만들어놓은 거 가지고 먹고 살아."

회사에 있을 때 승부를 던져야 기회가 찾아온다. 회사에 있을 때 당신을 기억할 만한 성취를 남겨라. 당신의 우월함을 입증할 뿐만 아니라 자신을 방어하는 유일한 수단이 될 것이다. 또한 인생 2막을 개척하는 데 큰 자신감을 불러일으킬 것이다. *

* 7장의 'Step 7 성장일지 쓰기', 'Step 8 비즈니스 성공 이력서 쓰기'를 참조해 '성장의 기록'을 남겨보자. 시간이 갈수록 괄목할 만한 성장을 이루게 된다.

필살기, 대체 불가능한 실력

전문가로서 그리고 개인으로서 자신의 성장을 위해 가장 먼저 생각해야 할 것은 우수성을 발휘하려고 노력하는 일이다. 우수한 능력을 갖추는 것은 스스로 만족감과 성취감을 느낄 수 있게 해준다. 전문가적 기량은 업무의 수준을 월등히 높이는 데 있어서뿐만 아니라 그 업무를 수행하는 개인의 성장에 있어서도 매우 중요하다.

– 피터 드러커

직장에 못 들어가서 안달하다 직장에 들어가 3년만 지나면 못 나가서 안달한다는 말이 있다. 나 또한 그러했다. 직장에서의 세월이 켜켜이 쌓일수록 허탈함이 점점 고개를 들었다. 남은 인생을 앞으로 어떻게 살아야 하느냐는 막막함과 그동안 이룬 게 없다는 자괴감 때문이었다. 매일 아침 일찍 출근하고 밤늦게까지 일했지만 남은 것 없이 세월만 보냈다는 한탄이 나왔다. 왜였을까? 일에 세게 치이기도 했지만 일에 질질 끌려갔다는 게 진짜 이유였다. 일을 주도하지 못하고 끌려

가다 보니 일에 대한 통제력을 상실하고 일이 나와 무관한 것으로 간주되면서 매너리즘과 노동의 소외를 겪을 수밖에 없었던 것이다.

일은 처리하는 것이 능사가 아니라 관리되어야 한다. 해야 할 일은 많은데 똑같은 노력으로 모든 일을 하는 것은 어리석은 일이다. 쓸 수 있는 시간과 자원은 한정적이기 때문에 할 일들 중에서 성과를 내야 한다면 먼저 일의 우선순위를 정해야 한다. 중요한 일에 집중하는 것이 성과를 만들어내는 비결이다. 우선순위가 성과의 요체다. 나는 프로젝트 관리자 역할을 맡으면서 우선순위의 중요성을 알게 되었고 그에 따라 일을 수행함으로써 점점 일을 잘할 수 있었다. 이것도 중요하고 저것도 중요하다고 여기면 둘 다 일을 제대로 할 수가 없다.

우선순위를 부여하는 기준은 여러 항목을 고려해볼 수 있겠지만 앞에서 인급한 것처럼 가상 일반적인 것이 업무 중요도와 재능 적합도다. 스티븐 코비가 주장한 시급성도 우선순위의 기준 항목이 될 수 있겠지만 불확실한 시대적 상황과 개인의 역량이 우선시되는 흐름에 비추어볼 때 시급성보다도 자신의 재능에 적합하느냐 여부가 주 무기를 만들어가는 데 큰 기준이 된다. 이 두 가지를 기준으로 일을 구분해보면 다음 네 가지 영역의 일로 나뉜다.

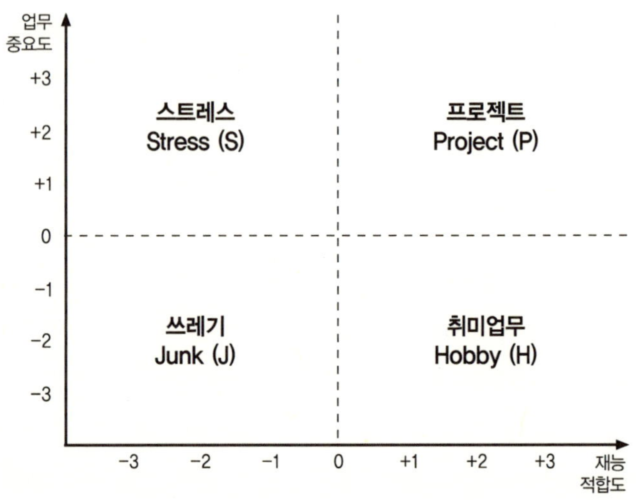

첫째, 1사분면의 영역은 업무 중요도가 높고 나의 재능에도 적합한 일이다. 이 일은 내가 무엇보다 집중해서 수행해야 할 '프로젝트' 성격의 일이다. 성취를 내기에 가장 적합한 일로서 무엇보다 이곳에 역량을 집중해야 한다. 이 영역의 일을 잘해야 탁월함을 인정받을 수 있다.

둘째, 2사분면의 영역은 업무 중요도는 높지만 나의 재능에 맞지 않아 가장 스트레스가 많은 일이다.

셋째, 3사분면의 영역은 업무 중요도도 낮고 나의 재능에도 맞지 않는 한마디로 당장 그만두거나 감소시켜야 하는 일들의 집합소다.

넷째, 4사분면의 영역은 업무 중요도는 낮지만 나의 재능에는 적합한 일이다. 이것은 취미Hobby와 비슷하다. 이런 일들은 당장 업무에 도움이 되지는 않지만 향후 자신만의 블루오션을 만들 수 있는 성격의 일이다. 1사분면의 '프로젝트' 성격의 일을 물론 잘해야겠지만 이 영역의 일은 레드오션Red Ocean일 확률이 높다. 그러므로 자신만의 차별적 요소를 가지고 새로운 직업을 만들어가기 위해서는 반드시 자세히 들여다봐야 할 영역이다. 만약 현재 하고 있는 일에서가 아니라 다른 분야에 하고 싶은 일이 있다면 이 영역에 그 일을 포함시켜라.

자, 이제 어떤 일에 집중할 것인가? 1사분면의 일에는 역량과 시간의 절반을 투입해야 한다. 이 영역의 일을 아주 잘해야 전문가로서 인정을 받을 수 있다. 이 영역의 일이 나를 평생 먹고살게 해줄 기술, 즉 필살기를 만들어내는 영역일 가능성이 매우 크다. 2사분면의 일에는 30% 정도의 자원을 투입힌다. 일의 품질을 높이기는 어렵지만 다른 사람이 하는 평균 수준은 만족시킬 수 있다. 3사분면의 일에서는 손을 떼라. 시간 낭비다. 당장 문제가 될 소지는 있겠지만 중요도가 낮기에 큰 문제는 생기지 않는다. 이 일 자체를 제거하여 중요도가 높은 일에 자원을 투입하는 것이 바람직하다. 4사분면의 일에는 20%의 노력을 투입한다. 향후에 사업화할 수 있는 기회의 일이며 '프로젝트' 영역의 일과 결합하여 나만의 차별화된 기술을 만들 수 있는 일이다. 꾸준히 관심을 갖고 시간을 할애해야 할 필요가 있다.

우선순위 부여로 일을 분류해보고 어디에 초점을 맞추어야 하는지 일에 대한 경영전략을 세워보았다. 이제부터는 시시하게 일에 끌려다니는 월급쟁이의 마인드로 살지 말자. 같은 일을 비슷한 기간 동안 하더라도 어떤 사람은 그 일에 통달한 달인의 수준이 되고 어떤 사람은 평범한 수준에 머물고 만다. 시키는 일만 하기 때문에 일 맛을 느끼지 못하고 일은 늘 해야 될 것에 머문다. 일의 고삐를 쥐고 끌고 나갈 수 있는 '기업가 정신'으로 일하자.

나만의 전문적인 기술을 만들기 위해서는 기업가 마인드로 일하는 것 외에 자신에게 흠뻑 몰입할 수 있는 시간을 확보하고 집중해서 노력해야 한다. 《탤런트 코드》의 저자 대니얼 코일은 능동적인 노력을 심층 연습Deep Practice이라는 개념으로 설명한다. 그는 그냥 수동적으로 주어지는 정보가 아닌 단지 몇 분의 1초 동안이라도 고민을 하면서 능동적으로 노력하는 것을 심층 연습으로 표현한다. 연습의 효율은 무엇을, 얼마나 집중적으로, 또한 효율적으로 했느냐에 따라 효과가 전혀 다를 수 있다는 것이 그의 주장이다. 나는 이 말에 전적으로 동의한다. 동일한 시간을 투자하더라도 몰입해서 했느냐, 그렇지 않으냐는 엄청난 차이를 가져온다. 나는 마감 임박형이다. 너무 쫓기면 스트레스를 받지만 어느 정도 마감의 압박을 느끼면 고도의 집중을 발휘한다. 몰입시간을 얼마나 전략적으로 일에 투입했느냐가 자신만의 기술을 제대로 만들 수 있는 한 요인이 된다. 지금 변화해야 한다. 지금 하는 일을 분류해보고, 그 속에서 자신만의 필살기 하나를 찾아 수련해야 한다.

대체 불가능한 기술을 만들어내는 방법은 한 분야에 집중하여 그 일에 있어서만은 대적할 자가 없도록 자신을 다 바치는 것이다. 자신이 선택한 전략적 일에서 차별성을 만들어내기 위해 시간과 관심을 집중 투자해야 한다. 지금 하는 일 가운데 부가가치가 높고 자신의 적성에 어울리는 일에 근무 시간의 50%와 근무 시간 외의 20%를 투자해서 3년 안에 1만 시간을 채워라. '매일 한다'는 원칙을 정하고, 정해진 시간에 정해진 일을 매일 반복 수련하는 실천 습관을 만들어라. 시간을 낼 때는 매일 정해진 곳에서 가장 순도 높은 시간을 자신에게 줄 수 있어야 한다. 새벽도 좋고, 밤도 좋다. 자신의 라이프 사이클에 가장 잘 맞는 시간대에서 매일 시간을 꺼내 자신을 훈련하라. 그래야 몰입이 가능하고 몰입은 반드시 성과를 만들어낼 것이다. •

• 자세히 들여다보면 지금 하고 있는 일 속에 필살기를 만들어내는 씨앗이 숨어 있다. 7장의 'Step 9 필살기 창조'를 참조하라.

내일을 향해 써라

글쓰기는 삶을 풍요롭게 만들어주는 것 같아요. 글을 쓰고 있을 때는 매사에 굉장히 예민해져요. 그래서 풀잎이나 나무 색깔 같은 것도 모두 몸에 입력해요. 글을 쓰지 않을 때는 무심하게 넘기던 풍경들이 글을 쓸 땐 의미 있게 다가오죠. 그러니 글을 쓸 때와 쓰지 않을 때의 삶은 완전히 다르다고 생각해요.

- 공지영

어느 흐린 날 나는 주점에 앉아 있었다. 쓰고 싶었다. 무엇을 쓰고 싶었는지 실체를 정확히 알 수는 없었으나 미친 사람처럼 글을 쓰고 싶었다. 매일 조금씩 써 내려갔다. 일 년이 지나 마침내 내 손에 책을 쥐게 되었다. 책 출간은 역사적 사건이었다. 다시 태어난 듯한 기분이 들었다. 그저 평범한 월급쟁이라고 생각했는데 내 안의 비범함을 발견했다. 이제 말할 수 있다. 직장인의 3분의 2는 책을 쓸 수 있다고. 꼭 책을 내지는 못하더라도 쓰는 행위를 통해 많은 것을 이룰 수 있고 배울 수 있다고 확신한다.

글쓰기를 공식적으로 인정받은 것은 대학 시절 신학과목에서 '신의 존재 증명'을 주제로 논술시험을 봐서 A+를 받은 기억이 유일하다. 직장에 들어감과 동시에 나의 쓰기는 멈추었다. 그리고 책 읽기도 같이 멈춰버렸다. 그러던 어느 날, IT 분야로 전직을 했다. 끝이 보이지 않는 고생길이 시작되었다. IT에 일자무식인 내가 업무를 새로 배운다는 것은 쉽지 않은 일이었다. 동료 직원들은 대부분 엔지니어 출신이라 나와 커뮤니케이션이 원활한 편도 아니었다.

탈출구를 찾아야 했다. 그때 시작한 게 쓰기였다. 나는 업무일지를 꾸준히 썼다. 오늘 한 일에 대한 기록이라기보다는 오늘 새롭게 배운 지식과 경험에 초점을 두었다. 이 기록은 업무에 빠르게 적응하게 해주었고 경험적 지식을 계속 축적할 수 있는 발판이 되었다. 일전에 프로젝트 매니저 역할을 하면서 팀원들에게 업부일지를 쓰게 하고 지식관리 시스템을 통해 내용을 공유한 적이 있었는데 지식의 선순환을 도모하여 팀을 학습조직으로 변모시키는 모범사례가 되었다. 내가 잘 아는 인문 분야의 대표적인 출판사도 편집자들이 편집일지를 쓰고 전 직원이 함께 공유한다. 지식의 공유와 피드백은 성장을 가속한다.

직장인의 일상은 반복적인 것 같지만 자세히 보면 배우고, 보고하고, 깨지고, 나동그라지고, 또 전의를 불사르는 밑바닥 체험의 연속이다. 이런 일상적 체험을 보잘것없는 것으로 치부하면 삶이 시시해진다. 그런 과정을 우물에서 물을 길어 올리는 것처럼 한 차원 높은 곳으로 끌어올려야 한다. 자신의 경험을 반추해보면서 부족한 부분을 채우고 범용적으로 일반화함으로써 체계적인 지식과 모범사례, 나아가 비전을 제시할 수 있어야 한다. 이런 사람을 우리는 전문가라고 부른다. 구체적으로 어떤 사람이 사회에서 인정하는 전문가인가? 전문가는 아래 네 가지를 갖춘 사람이다.

- 학위 소지자
- 경쟁력 있는 자격증 소지자
- 자기 분야와 관련해 커뮤니케이션을 잘하는 사람
- 자기 분야의 책을 집필한 사람

학위나 자격증을 취득하면 전문가로 인정받을 수 있다고 생각하는 사람이 적지 않다. 실제로 기업과 사회는 학위나 자격증을 요구하기도 한다. 전문가에 대한 나름의 기준이 필요하기 때문이다. 그렇지만 전문가는 학위나 자격증에 의해 전문성이 획득되고 유지되는 것이 아니다. 학위나 자격증은 전문가임을 증명하는 수단일 뿐이다. 시간이 지나면 장롱 속의 운전면허증처럼 효력을 상실하기 십상이다.

현대 사회에서는 지식의 감가상각이 급속하게 일어난다. 어제의 진리가 오늘은 모순으로 뒤바뀔 정도다. 대략 3년마다 자신이 갖고 있는 지식의 3분의 1 정도는 새로운 것으로 대체해야 한다. 그렇지 않으면 갖고 있는 지식이 전부 진부해져 시대에 뒤떨어진 사람이 되고 만다. 지식의 풍부함은 다른 지식 분야에 대한 학습에서 발생한다. 평생 학습이 전문가의 핵심 역량이 되어야 하는 이유가 여기에 있으며 가장 좋은 학습 방법은 책을 한 권 쓰는 것이다. 자신의 생각과 배운 것을 글로 정리하면 깨달음의 깊이가 훨씬 깊어진다. 많이 알기 때문에 책을 쓰지만 책을 쓰면서 많이 배운다.

일의 경험과 지식이 부족하다고 탓하지 마라. 지금 맡고 있는 일을 세밀하게 관찰하고 특화하는 것이 중요하다. 먼저 현장을 둘러보고 중요한 이야깃거리를 찾아라. 그동안 해온 일 속에서 얻은 노하우를 정리하라. 자신이 일한 분야에서 족적은 남겨야 하지 않겠는가?

쓰기는 사신과의 만남이다. 자신을 발견하는 열쇠다. 글을 씀으로써 우리는 삶의 전환점을 만날 수 있다. 자신의 천복天福과 소명을 발견할 수 있다. 글을 쓰면 관심이 가는 대상을 이전과 다른 눈으로 바라보게 된다. 긴밀한 만남과 공명共鳴이 시작된다. 김춘수 시인의 시 〈꽃〉처럼 된다. 내가 그의 이름을 제대로 불러주게 되고 그것은 나에게로 와서 비로소 꽃이 된다. 글쓰기를 통해 나를 포함한 대상을 깊이 바라보게 되고, 다시 발견하게 된다. 글은 잠재의식 속에 숨어 있는 것들을 의식으로 끄집어내는 자석과 같다. 이른 아침에 가만히 손이 가는 대로 글을 써보자. 그대의 손길에 신의 은총이 함께할 것이다.

요즘 트위터나 페이스북 같은 소셜 네트워킹 서비스가 유행이다. 이제 온라인 공간에서 누구나 글을 쓸 수 있고 소통이 가능해졌다. 나도 이 서비스를 자주 이용한다. 하루에 한 개 정도의 단문을 페이스북에 올린다. 일상의 기록, 칼럼이나 감상이 글의 주요 소재다. 온라인 공간에서의 글쓰기는 내가 글을 쓰는 기초 단위이면서 소통의 창구가 된다. 다른 사람들과 통하는 기쁨도 크다.

내가 쓴 책이 사람들의 책상에 놓여 있다고 생각하면 마음이 따뜻해진다. 내 글이 읽는 이에게 한 줄기 위로가 될 수 있다고 생각하면 마음이 환해진다. 나는 울림을 줄 수 있는 글을 쓰고 싶다. 나 혼자 울어봤자 아무 소용이 없다. 읽는 이에게 메아리가 될 수 있으면 좋겠다. '너는 나에게 어떤 의미가 되리. 지워지지 않는 의미가 되리'라는 어느 유행가 가사처럼 잊히지 않는 의미가 되는 글을 쓰고 싶다. 독자에게 지워지지 않는 점 하나를 남기고 싶다.

책이야말로 전문가로 가는 지름길이다. 궁극적으로 전문가가 되려면 자신의 책을 써야 한다. 전문가라는 사람이 자신의 책이 한두 권도 없다면 의심해봐야 한다.

책은 인생 최고의 학위다. 자기계발의 최고봉이다. 평범함에서 비범함으로 도약하는 발판이다. 글쓰기 능력은 그리 중요하지 않다. 쓴다는 것은 훈련이다. 훈련이란 타고나는 것이 아니다. 쓰는 능력은 배우고 부단히 연습해야 하는 것이다. 어찌 보면 책은 손이 아니라 생각과 발로 쓰는 것이다. 당신이 취득한 학위와 자격증은 명함에 있지만 당신이 쓴 책은 다른 사람들의 머리와 가슴 속에 있다. 책을 쓰면 진정한 전문가로 업그레이드된다. *

* 내가 쓴 책 한 권은 전문가로 인정받고 성공적인 인생 2막을 위한 강력한 무기가 될 수 있다. 7장의 'Step 10 내 인생의 첫 책 쓰기'를 참조하라.

The
Turning Point
School for 3050

평생을 함께할 파트너

: 어떻게 사람을 남겨야 할까?

4

사람이 온다는 건

실은 어마어마한 일이다

그는

그의 과거와 현재와

그리고 미래가 함께 오기 때문이다

한 사람의 일생이 오기 때문이다

– 정현종의 시, 〈방문객〉 중에서

인적 네트워크Human Network를 만들어라. 사람을 남기는 장사가 가장 훌륭한 거래다. 인생이라는 차원에서 보더라도 주변에 어떤 사람을 남겼느냐에 따라 그 사람에 대한 평가가 달라진다. 회사 밖에 나가면 이 말이 뼛속 깊이 다가온다. 회사를 떠나면 나라는 존재는 곧 잊히기 십상이다. 회사에 다니면서 동료, 고객, 상사와의 관계를 잘 유지해야 자신의 길을 갈 때 힘이 되고 버팀목이 된다. 평생을 함께할 사람이 많을수록 인생을 잘 헤쳐 나갈 수 있다.

어디에 있든 함께할 사람

> 만 리 길 나서는 길
> 처자를 내맡기며
> 맘 놓고 갈 만한 사람
> 그 사람을 그대는 가졌는가
>
> 온 세상 다 나를 버려
> 마음이 외로울 때에도
> '저 맘이야' 하고 믿어지는
> 그 사람을 그대는 가졌는가
>
> – 함석헌의 시, 〈그 사람을 가졌는가〉 중에서

내가 회사를 떠난 가장 큰 이유는 불안한 안정보다는 무소속의 자유를 즐기고 싶었기 때문이다. 누가 시키는 일을 더 이상 하고 싶지 않았고, 내 시간을 내 맘대로 통제하고 싶었다. 한동안 이 자유를 만끽했다. 평일 오전에는 산에 가고(이건

축복에 가깝다), 오후에는 북카페에서 커피 한잔의 여유를 누렸다. '낮술은 자유다'라고 외치며 주점에서의 낭만도 즐겼다. 시간이 흘렀고 뭔가 허한 감정이 밀려왔다. 조직에서 벗어난 외로움이었다. 나는 소속감의 상실을 경험하고 있었다. 자유라는 대변 옆에는 고독이라는 차변이 있었다. 처음엔 이전 직장 동료들을 만나 소주 한잔하면서 빈 곳을 채웠지만 그때뿐이었다. 몇 번 만나다 희미한 옛사랑의 그림자처럼 잊힐 것 같았다.

그러나 직장에서의 관계를 넘어 나는 평생을 함께할 동료와 부하 직원을 만났고 지금까지 정기적으로 만나고 있다. 사회에서 만났지만 인생의 한 자락을 공유했기에 평생을 함께할 관계다. 각자 하고 있는 일에 귀 기울여주고 직접적이고 깊은 도움을 주기도 한다. 경조사를 챙기고 매년 부부동반으로 모임도 한다. 직장 동료와 친구 같은 관계를 맺는다면 직장생활도 즐겁고 직장을 나와서도 큰 힘이 될 수 있다. 직장 동료와 평생 친구처럼 지낼 수 있는 원칙이 있다.

첫째, 끌림에 반응하라. 끌림은 우주적 동작이다. 그 사람이 갖고 있는 어떤 매력이 나를 잡아당기는 것이다. 이 인연을 가벼이 여기지 마라. 인생을 밝고 즐겁게 살아갈 수 있는 기회다. 눈빛으로 몸짓으로, 말 한마디로 적극적으로 반응하라. 마찬가지로 누군가 나에게 끌림을 느낀다면 기꺼이 받아주어라.

둘째, 강점에 주목하라. 좋은 관계란 정서적 친밀함 이상의 것이다. 누구나 강점이 있다. 각자의 강점을 기반으로 한 관계야말로 바위처럼 단단하고 서로의 영혼으로 삼투현상처럼 침투한다. 약점에 초점을 두면 조언이 많아진다. 지나친 조언은 폭력이 될 수 있다. 조언은 인간적인 신뢰가 쌓였을 때, 듣고 싶어 할 때, 꼭 필요할 때 해야 하는 것임을 기억하라. 처음 만났을 때 판단하지 말고 상대방의 약점과 강점이 다 드러난 후에 강점이 약점을 충분히 상쇄할 수 있다고 느끼면 관계를 깊게 쌓아라.

셋째, 자신만의 관심표현 방식을 개발하라. 침묵은 관계에서는 미덕이 아니다. 자신의 기질적 특성을 활용하여 관심을 전하는 노하우를 서너 개 개발하라. 나는 메일이나 문자 메시지로 호의를 표현한다. 또 그 사람의 인생에 관심을 갖고 관심사에 대한 정보를 제공하거나 작은 선물을 한다. 나의 기질에 부합하기 때문에 스스로 즐겁고 효과가 크다.

넷째, 가치관이 맞는 사람을 가까이하라. 가치관은 삶과 인간에 대한 철학이다. 스타일은 달라도 괜찮지만 가치관이 다르면 오래가기 어렵다. 사상누각이 되기 십상이다. 좋은 게 좋다는 식의 관계는 종국에는 서로에게 상처를 주기 쉽다. 나는 인간관계의 기본은 화이부동和而不同이라고 생각한다. 다른 사람의 차이와 다양성을 존중하고 잘 어울려 화합하되, 자신이 가지고 있는 좋은 기질과 가치관은 간직하여 자기다움을 잃지 말아야 한다.

회사에서 만나는 사람은 대부분 일로부터 관계가 시작된다. 이것은 초보적 단계다. 이 단계를 뛰어넘어 관심사, 인생관을 공유하면 인생의 든든한 친구를 얻게 된다. 머리가 아닌 가슴으로 만나는 관계를 만들어라. 인생으로의 두 번째 여행을 시작할 때 그들은 진심으로 당신의 응원군이 되어줄 것이다.

회사를

떠나기

3년 전

내 서비스에 열광하는 팬

사람들이 그들의 가장 바람직한 모습이 될 수 있도록 도와주어라. 그리고 그들이 이미 가장 바람직한 모습이 된 것처럼 대하라.

– 괴테

영화 '타인의 삶'은 독일 통일 5년 전인 1984년의 동독을 배경으로 한다. 주인공인 비밀경찰 비즐러는 일급 극작가 드라이만의 일거수일투족을 감시하고 도청한다. 비즐러는 드라이만을 철저하게 감시하지만 혐의점을 찾기는커녕 그와 그의 애인 크리스타에게 인간적인 연민을 느끼기 시작한다. 냉혈인 같던 그는 그들의 삶을 엿보며 같이 눈물을 흘리기도 하고 그들을 이해하게 된다. 드라이만은 선배 극작가의 죽음을 계기로 사회비판적인 글을 신기로 마음먹고 동료 작가들과 모의를 해 발각될 위기에 처하지만 비즐러가 이들의 대화를 다른 내용으로 위장해주고 심지어 타자기까지 숨겨준다. 결국 비즐러는 드라이만을 도왔다는 의심을 받아 좌천되고 우편배

달부로 일하게 된다. 베를린 장벽이 무너진 후에 드라이만은 그가 알고 있던 진실과 다르게 자신이 도청 당했음을 알게 되고 또 비즐러가 자신의 삶까지 포기하며 도왔다는 사실도 알게 된다.

2년 후 드라이만은 《선한 사람의 소나타》라는 책을 출판한다. 길을 지나다 우연히 광고를 보고 서점에 들른 비즐러가 펼쳐본 책의 첫 장에는 이렇게 쓰여 있다.

"HGW XX/7에게 이 책을 바칩니다." (HGW XX/7은 극중에서 비즐러의 암호명이다.)

"포장해드릴까요?"라고 묻는 서점 직원에게 비즐러는 미소를 지으며 이렇게 답한다.

"아니요, 이 책은 저를 위한 것입니다."

이 마지막 장면은 너무 아름다워 가슴이 뭉클해진다. 비즐러는 타인의 삶을 통해 자신의 삶을 성찰하고, 그로 인해 따뜻한 사랑의 의미를 깨닫게 된다.

대학 시절 좋아했던 철학자 마르틴 부버는 '나와 너'의 만남에 대해 이런 말을 남겼다.

"길을 가다 보면 맞은편에서 오는 사람을 만나게 될 때가 있다.

나는 그 사람이 걸어온 길에 대해 알지 못한다.

나는 내가 지나온 길만을 알 뿐이다.

그러므로 그 사람과의 만남을 통해서만 반대편 길에 대하여 알 수 있다.

너와 나라는 인간관계도 마찬가지다.

나는 내 삶에 대한 경험만을 알 뿐이고, 다른 사람의 삶에 대해서는 알지 못한다.

그러므로 타인의 삶에 대해서는 그 사람과의 만남을 통해서만 알게 된다.

사람은 사랑 안에서 산다.

사랑이란 너와 나 사이에 있다.

존재를 다 기울여야 비로소 깨닫게 된다.

사랑이란 우주적 동작이다."

만남은 우연이 아니라 필연이라고 믿는다. 조금이라도 어긋났더라면 만나지 못했을 테니, 만남은 그 자체로 은총이다. 진정한 만남은 한 순간의 마주침이 아니라 변화의 기회다. 좋은 만남은 우리를 변하게 한다. 그러기 위해서는 먼저 자기 내면의 목소리에 진실해야 한다. 오늘 내가 마주하는 사람에게 대가 없이 베푸는 '소박한 친절'에 우주적 떨림과 울림이 함께한다고 믿는다.

그동안의 경험에 비추어볼 때 사람들과의 관계를 비약적으로 발전시킬 수 있는 가장 효과적인 방법은 우선 내가 매력적인 사람이 되어야 한다는 것이다. 매력이란 우리 내면에 있는 가장 아름답고 위대한 것을 끌어낸 사람들이 갖고 있는 무엇이다. 자기 자신을 먼저 돌봐주어 스스로 빛나게 해야 한다.

그러면 사람이 모인다. 모든 리더십의 출발점은 자신을 먼저 갈고 닦는 것이다. 나의 첫 번째 추종자는 바로 내가 되어야 한다.

현재 내가 주로 하는 일은 컨설팅인데 업무 특성상 늘 새로운 고객을 만난다. 그들을 만날 때마다 진심으로 도와주려고 한다. 그들이 고민하고 아파하고 괴로워하는 문제를 정성껏 해결해주려고 노력한다. 진심은 눈빛만 봐도 알 수 있다. 나의 필살기를 발휘하여 내 팬을 만들려고 한다. 물론 서로 잘 되길 바라는 마음에서다. 초면에 악수를 하고 명함을 건네 일단 나의 전문성을 알린다. 그런 후에 함께 식사를 하면서 장점인 친화력을 발휘하여 상대방의 마음을 무장해제한다. 다음에 만나면 책에 사인을 해서 선물한다. 만약 비즈니스를 함께 하게 되면 일을 시작하는 초반에 무척 신경을 쓴다. 대부분 초반에 일의 운명이 결정되기 때문이다. 일의 성공요소를 그들의 입장에서 설득력 있게 제시한다. 이 단계까지 오면 대다수 고객들이 나를 신뢰하게 된다. 매력으로 유혹하고 끌어당기면 사람은 모이게 되어 있다.

하지만 매력만으로는 좋은 관계가 지속되지 않는다. 평소에 잘 가꿔두어야 필요할 때 도움을 주고받을 수 있다. 줄곧 연락이 없다가 어느 날 갑자기 찾아와서 도움을 청하면 마음을 다해 도와주기 어렵다. 좋은 사람들에게는 늘 시간을 투자하고 관심과 애정을 보여야 관계의 뿌리가 깊어지고 튼튼해진다. 가장 우선시하는 사람들에게 정기적으로 관심을 보이자. 나는 20명의 고객을 늘 머릿속에 넣어둔다. 그들이 현재 어떤 고민과 관심을 갖고 있는지를 주기적으로 떠올린다. 그러다가 불현듯 그(녀)에게 적합한 좋은 아이디어나 정보를 발견하면 이메일이나 문자 메시지로 알려준다. 늘 관심을 갖고 있다는 것을 보여준다. 내가 1인 기업가로 연착륙하게 된 것도 그들의 도움이 있었기에 가능했다. 비즈니스란 한마디로 고객과의 지속적인 관계이며 평생 고객이란 인생의 일부를 나누지 않고는 불가능하다.

대표적인 사람이 테레사 수녀다. 그녀는 도움이 필요한 사람을 찾고 그를 위해 무엇을 도와줄 수 있는지 알았다. 그녀는 이렇게 말한다.

"나는 결코 대중을 구원하려고 하지 않는다. 다만 한 개인을 바라볼 뿐이다. 나는 한 번에 단지 한 사람만을 껴안을 수 있다. 단지 한 사람, 한 사람, 한 사람씩만…… 나는 한 사람을 붙잡는다. 만일 내가 그 사람을 붙잡지 않았다면 나는 4만 2,000명을 붙잡지 못했을 것이다."

자신의 고객들 가운데 우선 세 명을 골라보자. 첫째, 곤란한 지경에 처한 사람이다. 이들의 고민을 찾아 도움을 주도록 해라. 작은 도움 하나에 엄청난 감동을 받을 것이다. 둘째, 내 서비스에 불만을 가진 사람이다. 고객의 불만을 찾아 해결해줄 수 있으면 그들은 반대자에서 적극적인 우호자로 바뀔 수 있다. 셋째, 내 마음에 드는 사람이다. 모든 사람이 똑같을 수는 없다. 마음이 끌리는 고객에게 차별적인 서비스를 제공하라.

직장생활이 시시한 이유는 내 서비스에 열광하는 고객이 없기 때문이다. 마음에 드는 사람을 만났으면 한 달 안에 그 사람이 정말 감동받아 쓰러지게 해라. 평생 함께할 수 있는 사람을 만들어라. 직장생활을 하는 동안 이런 사람 20명을 얻는다면 엄청난 자산이 될 것이다. 어떤 사람들과 인생을 함께 했느냐가 바로 그 사람의 인생이 무엇이었는지를 말해주는 가장 결정적인 증거이기 때문이다.

나를 구원해줄 상사

어떤 야비한 일을 당하더라도 그것 때문에 괴로워하거나 고민하지 말라. 단지 아는 것이 하나 더 늘었다고 생각하라. 이상한 광물 표본 하나를 우연히 발견한 광물학자의 태도를 보여라. 이상한 상사를 만나면 '저건 못 보던 샘플인데'라고 생각하라.

— 쇼펜하우어

직장생활에서는 상사의 영향을 크게 받는다. 어떤 상사를 만나느냐에 따라 팔자가 달라지기도 한다. 상사와의 갈등은 상사도 나와 똑같이 부족한 인간이라는 것을 간과하기 때문에 일어난다. 우리는 상사를 자기 나름의 기준으로 판단하는 경우가 많다. '어떻게 저것도 모를 수 있지? 팀원을 배려하지 않고 자기 이익만 챙길 수 있지?'라고 여기며 비난하고 실망한다. 상사도 사람이며 나와 성향이나 스타일이 다를 뿐임을 인정하면 갈등 관계로까지 나아가지는 않는다. 또한 상사는 회사에서 공식적인 직위를 갖고 있다는 점을 기억해야 한다.

회사에서 요구하는 것을 상사 입장에서는 무시할 수 없다. 직위에 맞는 역할을 수행할 수밖에 없는 것이 상사다. 이 두 가지를 이해하면 상사와 나쁜 관계는 되지 않는다. 이것이 상사 관계의 요체다. 그러나 2% 부족하다. 이를 뛰어넘어 상사의 스폰서십을 얻어야 직장에서 성공할 수 있으며 나아가 직장 밖에서도, 인생에서도 좋은 결실을 맺을 수 있다.

나는 그동안 직장에서 여덟 명의 상사를 만났다. 그중 한 명과는 지금까지 관계를 유지하고 있다. 그와 나는 경력사원 동기로 같이 입사해 직장에서 10년 동안 함께 일했다. 처음에는 일하는 스타일이 달라 마찰이 적지 않았다. 그는 일 자체를 열심히 하기보다는 일을 할 수 있는 분위기 조성에 신경을 썼다. 실무적인 일은 대부분 내가 처리했기에 내 입장에서는 못마땅했고 충돌이 있을 수밖에 없었다.

어느 날 회식을 하다가 말다툼이 시작되었고 나는 화를 내고 나가버렸다. 그도 다혈질이라 분을 참지 못하고 회사를 그만두라며 고함을 질렀다. 한동안은 서로 말없이 어색하게 지냈다. 그런 분위기를 견디기 힘들어 나는 사과를 했다. 그 후로 차츰 관계가 회복되었고 우리는 지방 프로젝트를 다니며 산전수전을 겪고 신뢰를 쌓았다. 그는 어떤 일을 하든 나와 함께하고 싶어 했고 나는 모든 능력을 다해 그를 보필했다. 그는 내가 일을 잘할 수 있는 환경을 만들어주려고 애를 썼고 나는 정성을 다해 그가 빛나도록 도와주었다.

그러다 그가 먼저 회사를 그만두게 되었지만 우리는 지속적으로 연락을 하고 만났다. 나는 회사에 사표를 내기 전에 그에게 연락을 했다. 이제는 회사를 나와야 할 시기인데 어떻게 하면 좋겠느냐고 자문을 구했다. 그는 자신이 운영하고 있는 회사에 들어오라고 했다. 회사를 나와서 바로 정착하기는 쉽지 않으니 자기 사무실에 나와 준비를 하라고 했다. 나는 독립적으로 일하고 싶다고 말했다. 그는 그렇게 하라고 하면서 고정적인 수입이 있어야 하니 월급을 받고 연말에 정산하자고 제안했다. 그의 제안이 고마웠다. 내가 지금까지 별 탈없이 연착륙할 수 있었던 것은 순전히 그의 덕분이다.

회사를 다니면서 평생을 함께할 상사를 만난다는 것은 행운이다. 그러나 가능성은 언제나 열려 있다. 보통사람이면서 직위를 갖고 있다는 이원성을 이해하고 한 걸음 더 나갈 수 있도록 노력하면 인생의 스폰서가 될 수 있는 상사를 얻을 수 있다. '나는 상사의 성공을 돕고 상사는 나의 미래를 구원할 관계'라는 것을 꼭 기억하고 진심으로 대하면 스폰서 상사를 곁에 둘 수 있다. 어쩌다 우연히 만난 관계에 머물지 말고 나쁜 상사가 아니라면 가까이 다가가라. 열 명의 상사 중에 적어도 서너 명은 무난한 사람들이다. 모든 정성과 재능을 다해 상사의 훌륭한 인물로 헌신하라. 그러면 그의 마음을 얻을 수 있다. 든든한 상사를 얻어야 후반전의 인생이 순탄하게 펼쳐진다.

The
Turning Point
School for 3050

이것이 나의 비즈니스 모델이다

: 나에게 맞는 평생직업은?

5

당신의 재능과 세상의 필요가 교차하는 곳에

당신의 천직이 있다.

– 아리스토텔레스

비즈니스 모델Business Model을 찾아 스스로 직업을 창조하라. 현재 하고 있는 일이나 하고 싶은 일에 대한 고객의 요구와 불만을 기회로 여기고 자신만의 자산과 일하는 방식을 활용해 아직 존재하지 않는 공간, 누구도 아직 점령하지 못한 새로운 사업 영역을 창출하라. 비즈니스 모델을 현장에서 파일럿을 통해 검증하고 보완하라. 비용은 최소화하고 수익 모델은 다각화하여 위험을 분산시켜라. 진정성을 바탕으로 자신의 제품과 서비스를 세상에 알려라.

다른 사람이 가는 길에는 내 길이 없다

그대는 길 하나 없는 어두컴컴한 숲 속으로 들어간다. 길이 있다면 그것은 다른 사람의 길이다. 그대는 아직 그대의 길을 찾지 못했다. 다른 사람의 길을 따라간다면 그대의 잠재력을 깨닫지 못하리라.

– 조셉 캠벨

일본 영화 '굿바이Good & Bye'는 첼로리스트에서 납관사(장례지도사)로 직업을 바꾸는 남자의 이야기다. 굿바이는 '안녕'이 아니라 좋은 작별을 뜻한다.

오케스트라에서 첼로를 연주하는 주인공 다이고는 갑자기 오케스트라가 해체되며 졸지에 실업자가 된다. 거금을 대출받아 산 첼로도 쓸모없어진다. 그는 아내에게 고향으로 내려가고 싶다고 말하고 아내는 흔쾌히 허락한다. 우연히 '연령 무관! 고수익 보장!'이라는 파격 조건의 여행 가이드 구인광고를 발견하는데 여행사인 줄만 알았던 회사는 인생의 마지막 여행을 떠나는 사람들을 배웅하는 납관 일을 하는 곳이었다.

주인공도 처음에는 적응하지 못하고 주위의 반대가 심했지만 (그의 아내는 친정으로 떠난다) 차츰 일의 숭고한 의미를 깨닫게 된다.

이 영화는 천직vocation 찾기에 관한 이야기다. 다이고는 첼로를 연주했지만 그 일에서 자신의 꿈과 재능을 발견할 수는 없었다. 그러다 남들의 천시와 괄대를 받는 납관사가 살아 있는 자와 망자를 이어주어 좋은 이별로써 삶과 죽음을 화해시키는 의미 있는 직업임을 깨닫게 된다. '하루하루를 아무 생각 없이 살았던 것 같다'는 다이고의 독백처럼, 하는 일에 가치를 느끼지 못한다면 삶은 의미를 잃는다. 일이 밥벌이에만 국한되지 않고 그 사람 인생 자체를 보여줄 수 있다면 삶은 의미와 보람으로 가득 찰 것이다. 사람에게 영적인 영역이 있듯이 일에도 영혼이 있어야 그것이 천직이 된다. 천직을 발견하면 누가 뭐라고 해도 그 길에 엎어져야 한다.

유망 직종이란 애당초 없다는 사실을 잊지 말자. 비즈니스를 시작할 때 사람들은 당장 돈 되는 일을 찾는다. 가장 어리석은 접근방법이다.

요즘 뜨는 업종이라고 해서 퇴직금을 탈탈 털어 음식점에 투자했건만 벌써 이번 달에만 주변에 오픈한 유사 가게가 세 곳이 넘는다. 한숨만 나온다. 얼마 전에 퇴직한 내 친구의 요즘이다. 시장의 파이는 정해져 있는데 그 몫을 여러 사람이 나누다 보니 수입이 줄어들 수밖에 없다. 그렇다고 이 일이 적성에 맞거나 재미가 있는 것도 아니다. 결국 집을 날리거나 퇴직금을 까먹는 사람이 부지기수다.

　모든 사람에게 다 좋은 유망 직종이란 없다. 질문을 이렇게 하자. "나에게 맞는 유망 직종은 무엇일까?" 내 강점을 십분 이용할 수 있는 '나의 직종'에 집중하는 것이 현명하다. 좋아하지 않는 일 근처에서 인생을 낭비하지 마라. 요리를 잘하지 못하고 하기 싫어하면 음식점을 차릴 이유가 없다.

　'미래에는 이 직업이 좋을 거야'라는 예측을 믿고 자신의 경력을 운에 맡기지 말자. 미래의 트렌드를 이해하는 것은 중요하고 꼭 필요한 일이다. 다만 자신의 미래를 트렌드에 전적으로 내맡기지 마라. 자신이 우선이다. 여기저기 기웃거리면 시간 낭비일 뿐이다. 미래는 예측하기가 결코 쉽지 않다. 오히려 직접 만들어가는 것이 쉽다.

　나는 유능함은 어울림이라고 생각한다. 어울리지 않는데 잘할 수 있는 것이 있을까? 나에게 어울리는 일을 찾거나 만들어 그 길에 매진하는 것이 성공에 가까울뿐더러 인생을 잘 사는 방법이 아닐까?

　나는 대학에서 인문학을 배웠지만 전공과는 상관없는 IT 분야에서 오랫동안 근무했다. 처음 IT 분야를 접했을 때 전공은 전혀 도움이 되지 않았다. 아니, 핸디캡이었다. IT 기술을 익히기까지 산전수전, 공중전을 겪었다. 얼마쯤 지나 어느 정도 궤도에 오르고 기술력을 인정받게 되었다. 그러나 마음 한 구석에서는 '내게 엔지니어 일이 어울리는가? 내가 평생 직업으로 삼을 만한 것인가?'라는 질문이 맴돌았다. 고민 끝에 내린 결론은 '아니다'였다. 인문학적 감성과 관련된 일을 하고 싶었다. 인문학과 엔지니어링을 연결시키는 지점에 나의 길이 있지 않을까, 라는 생각이 스쳐갔다. '기술보다는 기술로 밥을 먹고 사는 사람과 조직의 성장에 관심을 갖자. 엔지니어에게 꼭 필요한 휴먼 스킬을 양성하는 전도사가 되자.' 나는 나만이 할 수 있는 차별화된 콘텐츠 개발을 시작했다. 그리고 그걸로 먹고살 수 있게 되었다.

회사에 취업할 때 작성하는 이력서履歷書를 글자 그대로 풀어보면 신발〔履〕을 끌고 온 역사〔歷〕의 기록〔書〕이다. 우리는 어떤 신발을 신고 걸어가는가? 남의 신발을 신고 다른 사람이 몰려가는 길을 따라가는 건 아닐까? 그곳에 내 길은 없다. 나에게는 오직 나에게 어울리는 My way만 있을 뿐이다. 좋아하는 일을 하다 보니 새로운 직업이 생기고 그 직업의 첫 주자가 자신이 되는 것, 그것이 천직이 아니겠는가? 내가 가는 곳이 곧 길이다.

회사를

떠나기

3년 전

시작의 기술

창업은 돈을 벌기 위한 행위가 아니라 하고 싶은 일을 더 하며 더 나은 미래를 만들어가는 또 다른 방법이다.

– 랜디 코미사

비즈니스는 장을 담그는 일과 같다. 라면을 끓이듯 속전속결로 결정할 일이 아니다. 자신만의 비즈니스를 하겠다고 마음을 먹으면 쉽게 시작할 수 있는 일을 먼저 찾는 게 인지상정이지만 그런 길은 레드오션이나.

비즈니스 시작 전에 설계를 하는 것이 가장 우선할 과제다. 비즈니스를 설계할 때 살펴야 할 원칙은 첫째, 성공적인 비즈니스는 문제를 해결하거나 수요를 충족시킨다는 점을 기억하는 것이다. 즉 고객의 불만이나 문제를 해소하거나 새로운 요구를 만족시켜야 기회가 창출되어 성공할 확률이 높다. 둘째, 나다운 방식을 비즈니스에 담아내야 한다. 그렇지 않으면 죽은 비즈니스가 된다. 자신이 이미 갖고 있는 자원을 활용해야 경쟁우위에 설 확률이 높다. 셋째, 새로운 비즈니스 공간을 창출해야 한다. 비즈니스는 피 흘리는 경쟁을 통해 이기는 것만을 목적으로 하지 않는다. 훌륭한 비즈니스는 경쟁하지 않는 자신만의 영역을 만들어내는 것이다. 아직 존재하지 않는 공간, 누구도 점령하지 못한 새로운 수요의 영역을 창출해내고 그 자리를 선점함으로써 번영하는 것이다. Only One이 Best보다 낫다. 다른 사람은 하지 못하는 무언가를 고객에게 제공할 수 있어야 한다. 이 세 가지 원칙은 비즈니스 모델을 설계할 때 반드시 염두에 두어야 한다.

비즈니스를 실제로 시작하려면 추구하는 비즈니스, 회사의 존재 의미와 슬로건을 먼저 만들어야 한다. 의미를 만드는 것만큼 강력한 동기부여 요인도 없다. 몇 년 전 나는 내 꿈 하나를 펼치기 위해 뜻이 맞는 지인들을 모아 비즈니스 모델을 연구하고 실험하는 모임을 만들었다. 그때 만들고 싶은 회사에 대해 이렇게 적어두었다.

'우리는 타고난 열정과 성실, 실행력을 발휘하여 작지만 세상에서 가장 신 나고 아름다운 기업 하나를 세웠다. 바디샵처럼 영적이며, 미라이공업처럼 유쾌하며, IDEO처럼 창의적이며, 유한킴벌리처럼 사람을 중시하는 가족 같은 공동체가 탄생했다. 구성원 각자가 1인 기업을 하면서 프로젝트 베이스로 움직이는 역동적인 회사였다. 우리는 고객의 영혼을 움직이는 최고의 서비스를 선사했다. 회사는 삶의 큰 희망이었고, 기쁨이었다.'

모임 이름은 바디샵 창업자인 아니타 로딕의 책 제목을 본 떠 '영적인 비즈니스Beyond the business'로 정했다. 3주에 한 번씩 책을 읽고 과제를 진행했다. 각자의 강점과 기질을 이해하고 회사의 핵심가치를 공유했다. '우리다움으로 즐겁게 일하며, 고객의 삶이 훨씬 더 행복해지도록 돕습니다. 세상은 한층 더 아름다워질 것입니다'라고 회사의 존재 이유를 고백하고 'Draw the happiness'라는 슬로건을 만들었다. 우리는 세상에서 가장 아름답고 독특한 기업을 만들 수 있다는 느낌으로 충만했다.

먼저 하고 싶은 일을 선별하여 몇 개의 사업 모델을 집중적으로 파고들었다. 북카페 운영, 무료잡지 발간, 출판사업, 교육사업에 대해 조사를 하고 사업기획안을 만들었다. 차별적이며 경쟁력 있는 비즈니스 모델 만들기에 안간힘을 썼다. 그러나 지나고 보니 이 과정에 아쉬움이 많이 남는다. 결과적으로 비즈니스 모델을 시장에 출시하지 못했다. 원인은 실행력이 빈약해서였다. 무언가를 시작할 때 가장 큰 어려움은 첫걸음을 떼는 일이다. 기획안을 그럴듯하게 만드는 것보다 서비스 제공에 필요한 일을 계속 시도해야 한다. 앉아서 판매 전략만을 세우고 있어서는 안 된다. 실제로 판매를 하고 있어야 한다. 제품과 서비스의 품질이 충분하지 않다고 해서 지나치게 걱정하거나 완벽한 제품을 공급하겠다는 생각도 버려야 한다. 수많은 시험을 거쳐 완벽한 제품을 공급할 수 있는 시스템은 대기업에서나 가능한 것이다. 일단 자신의 제품과 서비스의 가치를 커뮤니케이션 채널을 통해 고객에게 전달할 수 있어야 한다. 현장에서 파일럿하라. 현장만이 살길이다. 시장에서의 피드백을 받고 즉각 개선하라. 크게 생각하되 작게 시작하라.

토머스 스탠리 교수가 쓴 《백만장자 마인드》는 20년 동안 미국의 백만장자를 대상으로 표본조사와 인터뷰를 실시한 결과를 보여준다. 그들 중 81%는 자신의 적성과 능력에 맞는 일을 선택했다고 답했다. 자신의 적성과 능력에 맞는 일을 어떻게 찾았는가, 라는 질문에 우연히 천직을 찾았다는 응답은 29%, 시행착오를 거쳐서 천직을 찾았다는 응답은 27%인 반면에 유망 직종을 선택해 천직을 찾은 경우는 5%에 불과했다. 우연히 천직을 찾았다고 응답한 이들도 사실은 실마리를 붙잡고 시행착오를 거치면서 어느 날 우연한 깨달음을 통해 찾은 경우였다. 자신과 어울리는 일을 찾아 이것저것 실험하고 모색할 때 진짜 평생을 바쳐 일할 수 있는 일을 찾고 성공할 수 있다는 것을 입증해준다.

천직은 어느 날 하늘에서 큰 소리로 알려주는 경우도 있지만 대부분은 자신도 모르는 사이에 천천히 확고해진다. 천직은 찾는 것이 아니라 키워가는 것이다. 가만히 앉아서 감이 떨어지길 기다려서는 안 되며 자신의 능력과 시장이 요구하는 지점을 찾아서 노력해야 그 일이 천직임을 확신할 수 있다.

비즈니스 모델을 설계할 때 한 가지 주의할 사항은 하고 싶은 일을 시도하되 그동안 해온 일을 간과해서는 안 된다는 점이다. 자신이 알고 있는 분야에서 시작하는 것이 좋다. 직장 내에서 그동안 해온 일을 정리해보고 문제점과 개선안을 도출하여 사업 모델로 특화한다. 기회를 찾으려면 문제를 들여다봐야 하고 문제의 솔루션을 찾으려면 문제에 대한 현재의 해결 방식을 살펴봐야 한다. 과거를 재활용하는 방식이다. 과거 속에서 아직 쓸 만한 지식과 시행착오와 교훈을 재활용하고 새로운 생각을 불러일으키는 것이다. 이것은 역사가 미래에 기여하는 방식이기도 하다.

회사에 다닐 때는 피터 드러커가 말한 병행경력Parallel Career을 쌓는 것이 좋은 전략이다. 즉 지금까지 해온 일을 리모델링하는 것을 기본 사업으로 정하고 앞으로 자신이 하고 싶은 일을 병행해서 추진한다. 지금 하고 있는 일에서 손을 놓기 어렵기 때문에 별도의 시간을 내 파트타이머로 하고 싶은 일을 하면서 간을 보는 게 좋다. 돈보다 경험이 소중하다. 나는 오랫동안 IT 분야에서 일하면서 소프트웨어 개발부터 프로젝트 관리, 컨설팅까지 여러 직무를 경험했다. 직장에서 인정받는 위치에 있을 때 경험 자산인 IT 기술과 나의 전공인 인문학을 결합한 컨설팅 및 교육사업에 대한 준비를 시작했다. 책을 출간했으며 '엔지니어에게 꼭 필요한 인문 교육' 콘텐츠를 개발하여 프로그램을 진행하고 있다. 물론 지금도 본업인 컨설팅과 교육을 계속하고 있지만 저술, 강의 등 점점 더 내가 하고 싶은 일로써 먹고사는 방향으로 움직이고 있다.

비즈니스 모델을 설계할 때 빠뜨리지 말아야 할 것은 수익 모델을 찾아야 한다는 점이다. 비즈니스는 자선사업이 아니다. 자신이 잘하는 분야라도 내 제품과 서비스를 사줄 수 있는 사람이 있는지, 수입은 괜찮은지 따져봐야 한다. 자신이 잘하는 일을 열정적으로 하면 돈은 자연스럽게 따라온다는 믿음은 모두에게 통하는 공식이 아니다. 고객이 가치를 인정해야 수익이 발생한다. 자신이 잘할 수 있는 분야를 비즈니스 모델로 선택하되 반드시 시장이라는 스펙트럼을 통과해야 한다. 1인 기업가라는 타이틀은 달았지만 먹고살기 어려운 이유가 여기에 있다.《좋은 기업을 넘어 위대한 기업으로》의 저자 짐 콜린스는 집중할 분야를 단순화하고 '최고가 될 수 있는 일'과 '깊은 열정을 가진 일'에 대해 '경제엔진을 움직이는 것'을 빠뜨리지 말라고 강조한다. 지속적인 수익 모델이 없으면 당신의 제품이나 서비스는 사장될 수밖에 없다.

내 제품이나 서비스를 어떤 고객이 구매하고 그에게 어떻게 제품과 서비스를 판매할 것인가에 답할 수 있어야 한다. 고객과 판매가 구체적으로 정해지면 숫자로 간단히 계산해볼 수 있다. 한 달 기준으로 제품이나 서비스의 판매이익을 계산하고 회사 운영에 필요한 총비용을 빼면 수익을 예상해볼 수 있다.

마지막으로 비즈니스 모델 출시 일정 및 목록을 만들고 관리해야 한다. 제품이나 서비스 콘셉트 확정, 프로그램 설계 완성, 제품 완성, 투자 유치, 손익분기 달성 등 주요 이정표 milestone를 확정하고 기한 내에 목표를 달성할 수 있도록 지속적으로 모니터링하고 관리해야 한다.

또한 비즈니스 시작에 꼭 필요한 핵심활동 목록을 만들고 진행을 관리하라. 사무실을 임대하고 직원을 충원하고 시스템을 갖추는 등 처리해야 할 목록을 만들어 예상치 못한 일의 차질이 발생하지 않도록 주의해야 한다.

사업 선배가 해준 이야기를 또렷이 기억한다. "내 이름을 걸고 비즈니스를 시작하면 그때부터 인생을 아주 진하게 살게 된다." 맞다. 이제 월급쟁이로 다시 돌아갈 수가 없다. 이미 완전히 다른 사람이 되어버렸기 때문이다. 물론 더 좋은 방향으로 말이다. *

* 7장의 'Step 11 비즈니스 모델 탐색'을 참조해 현재 자신이 하고 있는 일과 하고 싶은 일을 기반으로 사업 모델을 찾아보자.

자금을 확보하고 수익을 창출하는 방법

돈이란 훌륭한 하인이기도 하지만, 나쁜 주인이기도 하다.

– 벤저민 프랭클린

회사를 떠난 후 나는 미국의 평화주의자였던 스콧 니어링처럼 살고 싶었다. 그는 도시를 떠나 버몬트 숲에서 30년간 부인과 농사를 짓고 자급자족하며 살다가 100세 나이에 스스로 곡기를 끊고 삶을 마감했다. 나는 도시를 떠날 만한 위인과 형편이 못 되지만 적어도 그의 생활방식만큼은 본받고 싶었다. 그의 자서전에 이런 말이 나온다.

"생계를 위한 노동 네 시간, 지적 활동 네 시간, 좋은 사람들과 친교하며 보내는 네 시간이면 완벽한 하루가 된다."

4-4-4 시간 전략을 벤치마킹하고 싶었다. 밥벌이에 4시간, 공부하는 데 4시간, 좋은 사람들과 노는 데 4시간을 보낼 수 있다면 이곳이 유토피아다. 이 절묘한 균형을 따르기는 쉽지 않지만 여전히 충만한 하루를 꿈꾼다.

그는 자급자족 생활에 대해 이렇게 말했다.

"나는 개인적으로나 사회적으로나 자연의 일부로서나 행복
한 삶을 살 수 있는 기회를 도시 밖에서 찾았다. 이런 생활에
는 자본이라는 것이 거의 필요치 않으며 총경비도 적게 들고,
유지비는 얼마 안 되는 수입에 맞추면 그만이다. 실제로 내가
해보니, 넉넉지는 않아도 생존에 필요한 것들을 충족시키고
오랜 기간에 걸쳐 만족스럽고 보람 있는 삶을 사는 것이 가능
했다."

스콧 니어링 부부의 자립 생활이 부러웠다. 돈을 많이 벌고
모아서 자립하는 것이 아니라 생존에 필요한 만큼만 벌고 거
기에 맞추어 사는 삶. 넉넉하면 물론 좋다. 그러나 돈으로부
터 조금 자유로워지려는 노력도 중요하다. 절제와 자립으로
써 돈에 묶여 있던 것들로부터 하나씩 벗어나는 사람은 멋있
고 자연스럽다.

연말에 회사에서 보너스를 받는다고 가정해보자. 다른 사
람은 전부 100만 원을 받고 나만 90만 원 받는 경우와 다른
사람은 전부 70만 원을 받고 나만 80만 원을 받는 경우 어떤
것이 나에게 유리한가? 당연히 90만 원을 받는 게 유리하지
만 대부분의 사람들은 그렇게 생각하지 않는다. 이익을 손해
라고 생각하고 손해를 이익이라고 착각한다. 비교에 대한 집
착 때문이다. 회사를 나와 스스로의 힘으로 돈을 벌게 되면
수입이 일정하지 않을 수 있다. 왕년에 직장에서 연봉을 꽤
많이 받았는데 지금은 왜 이 정도밖에 벌 수 없을까, 예전과

비교해서 자조하는 마음이 생긴다. 행복의 경우에도 그렇고 돈도 비교에서 찾으려고 하는 습관 때문이다. 비교의 습관은 빈곤의식에 다름 아니다.

돈이란 좋은 것이다. 그러나 돈이 목적이 되어서는 안 된다. 돈은 사업의 결과일 뿐이다. 돈을 목적으로 생각하는 사람과 결과로 생각하는 사람은 인생의 질이 다르다. 전자는 돈을 벌기 위해서는 무엇이든 할 수 있다고 생각하기 쉽고 돈이 독이 되는 경우가 태반이다. 후자는 열심히 일하다 보니 자연스럽게 모인 축복이 돈이라고 생각한다. 돈보다 자기 직업에 대한 자긍심과 열정을 갖고 사는 사람들이다. 돈에 대한 관점과 철학이 흔들리지 않아야 돈에 속지 않는다. 돈의 노예가 되어 돈보다 소중한 가치를 잃어버리지 않아야 한다. 돈에 대한 생각을 정리할 필요가 있다.

비즈니스를 시작할 때 재무적으로 고려해야 할 사항은 크게 두 가지다. 사업에 필요한 자금을 어떻게 확보할 것인가? 그리고 어떻게 수익을 창출할 것인가?

회사를 떠나기 전에 3년의 생존자금을 확보하면 이상적이다. 최소 3년간은 어떤 경제적 활동을 하지 않더라도 먹고살 수 있는 돈이 마련된다면 꽤 좋은 출발이 될 수 있다. 돈을 벌어야 한다는 강박에서 조금 자유로워질 수 있고 만일 시행착오를 겪더라도 다시 일어설 수 있는 시간적 여유도 생긴다. 적어도 6개월을 유지할 수 있는 생존자금을 마련하고 이와 병행해서 6개월 내에 수입을 창출할 수 있는 여건을 갖추는 게 현실적인 방법이다. 가급적 회사를 떠나기 전에 회사를 나가 독자적으로 할 수 있는 사업을 만들어 일정 기간의 자금을 확보하는 것도 좋은 방법이다. 환경의 변화에 따른 불안을 줄일 수 있다. 나는 컨설팅 프로젝트를 개인적으로 수주한 후에 사표를 냈다. 사표를 내도 당장 할 일이 있고 돈을 벌기 때문에 여유 있게 내가 하고 싶은 교육과 프로그램을 시작할 수 있었다.

자금 사정에 맞게 사업 규모를 설계하는 것이 좋다. 가능하면 대출 없이 자기 자본을 가지고 시작하는 것이 좋지만 여의치 않으면 채무 상환을 염두에 두고 대출을 최소화해야 한다. 빚은 지나침을 경계해야 한다. "돈이 돈을 번다. 판돈이 클수록 많이 번다"는 말은 오해다. 오히려 "은행가는 햇볕이 날 때 우산을 빌려주었다가 비가 오면 우산을 돌려 달라는 사람이나"라는 마크 트웨인의 말을 믿어야 한다. 신뢰하는 사람에게 투자를 받는 방법도 고려할 만하다. 투자를 유치하기 위해서는 투자자에게 사업을 만들 수 있다는 믿음을 심어주는 게 중요하다. 투자의 경우에도 자신의 사업에 대한 통제권을 상실할 수 있다는 위험을 간과해서는 안 된다. 적게 투자하고 현장에서 경험과 노하우를 쌓은 후에 크게 벌여도 늦지 않다. 돈을 버는 것보다 더 중요한 것은 해당 분야의 경험을 쌓는 것이다.

비용은 무료Cost is free라는 인식이 필요하다. 회사를 설립하면 뭔가 그럴듯하게 하고 싶은 마음이 많이 든다. 사무실도

목 좋은 위치에 얻고 싶고, 인테리어도 제대로 하고 싶고, 인력도 채용하고 싶다. 그러나 비용은 매출을 만들어내지 못한다. 아는 분은 초기에 돈을 많이 벌었지만 비용 지출이 많아 결국 도산했다. 나는 현재 정해진 사무실이 특별히 없다. 그렇다고 출근할 회사가 없다는 말은 아니다. 돈을 내고 사무실을 얻지 않았을 뿐이다.

수익을 창출하기 위해 고려해야 할 사항은 세 가지다. 첫째, 수입 포트폴리오를 다각화할 필요가 있다. 어느 한 가지에만 집중해서 잘되면 좋지만 사업 초기에는 힘겨울 수 있다. 성공하지 않으면 파산하는 상황으로 만드는 것은 위험하다. 특히 1인 기업을 하면 혼자서 A부터 Z까지 다 신경을 써야 하기 때문에 영업에 집중하기가 어렵다. 이럴 때 여러 가지 대안을 준비해야 한다. 한 가지로 돈을 벌기보다는 다양한 방법을 강구해야 한다. 나는 회사를 다니면서 주력한 일이 컨설팅과 교육이었다. 그리고 앞으로 하고 싶었던 일은 저술, 강연, 프로그램 운영이었다. 나는 당장 하고 싶은 일로 수입을 안정적으로 얻기는 어렵다고 판단했다. 사업 1년 차에는 컨설팅과 교육에 비중을 높게 두되 그다음 해부터는 점차적으로 저술이나 강연의 비중을 늘려서 하고 싶은 일로 돈을 벌도록 연착륙을 시도했다. 사업 초기에는 수익 모델을 다각화해서 그중 어느 하나가 통하지 않으면 다른 대책에 의존할 수 있도록 하는 것이 좋다.

둘째, 수익은 상향식Bottom up으로 예측하라. 수익을 예상할 때 시장 크기에 따른 목표를 미리 정하고 목표에 맞게 활동계획을 세워서는 안 된다. 목표를 쉽게 달성할 수 있다는 착각을 불러일으키고 실패할 확률이 높다. 스스로 해야 할 일로부터 위로 상향식Bottom up 예측을 하라. 예를 들면 다음과 같이 한다.

- 직원 한 명이 전화나 이메일, 상담을 통해 하루에 10건 정도의 비즈니스 가능성을 만들어낸다.
- 1년에 근무하는 날은 최소 200일이다.
- 2,000건의 시도 중에서 5% 정도는 3개월 이내에 고객으로 만들 수 있다.
- 고객 한 명은 1년에 100만 원의 매출을 가져다줄 것이다.
- 우리는 3명의 직원을 채용할 수 있다.
- 하루 10건의 시도 × 연 200일 근무 × 5%의 성공률 × 고객당 100만 원 매출 발생 × 3명의 직원=3억 매출

수익은 당연히 비용보다 판매가 많아야 발생한다. 한 달 동안의 운영비와 예상 판매금액과 이익을 계산한 후 잠재 고객에게 예상만큼 제품과 서비스가 팔릴 것인지 물어보라. 만약 아니라고 하면 수익 모델을 재검토해야 한다.

셋째, 현금 흐름Cash Flow을 관리해야 한다. 장부상 이익보다

이것이 나의

비즈니스 모델이다

실제 현금 보유액이 중요하다. 지난달에 계약한 프로젝트 착수금은 이번 달에 입금이 될 예정이고, 이번 달에 구매한 물품비용은 다음 달에 지불하기로 되어 있다. 이런 시점 차이로 인해 장부상에는 흑자지만 실제 통장에는 돈이 없는 상황이 발생하여 위기에 처하는 경우가 많다. 사업 초기에는 현금 흐름에 신경을 쓰는 것이 좋다. 어느 정도 자금의 여유가 생길 때 이익을 집중 관리하는 것이 현명하다.

재테크 책의 고전이라고 불리는《바빌론 부자들의 돈 버는 지혜》는 다음과 같이 돈을 버는 일곱 가지 비결을 소개한다. 첫째, 일단 시작하라. 내 지갑에 있는 동전 10개 중에서 9개만 쓰고 1개는 저축하라. 둘째, 지출을 관리하라. 불가피한 지출과 욕구를 혼동하지 마라. 수입의 90% 내에서 예산을 짜라. 셋째, 돈을 굴려라. 저축한 10%의 돈으로 돈을 불려라. 넷째, 돈을 지켜라. 누군가에게 돈을 빌려줄 때 그 사람의 능력과 됨됨이를 따지고 어떤 사업에 투자하기 전에 위험을 살펴라. 그 사업에서 성공한 사람에게 조언을 구하라. 다섯째, 당신의 집을 가져라. 대출액에 따라 다르겠지만 월세와 보증금을 절약하라는 의미로 이해하고 싶다. 여섯째, 미래의 수입원을 찾아라. 노후를 대비하라. 가족의 안락한 삶을 보장하라. 일곱째, 돈 버는 능력을 키워라. 구체적인 꿈을 꾸고 현재 직업에서 최고가 되도록 배워라. 행운의 여신은 행동하는 사람에게 찾아온다. 일곱 가지 처방 중에서 이 마지막 처방이 제

일 중요하다. 6,000년이나 지났지만 지금도 유효한 재테크 방법이다.

어떤 불쌍한 사람이 있다. 항상 열심히 일하지만 늘 돈에 쪼들린다. 가진 것도 없고 돈을 빌릴 담보도 마땅치 않다. 새로운 사업을 할 수도 없다. 누가 봐도 그는 돈을 벌 것 같지가 않다. 그러나 그가 돈을 벌 수 있는 확실한 방법이 있다. 돈을 벌겠다는 구체적인 욕망을 품는 것이다. 막연히 부자가 되겠다는 꿈을 꾸는 게 아니라 3년 내에는 내 집을 장만하겠다는 등의 욕망이 훨씬 구체적이다. 단순하고 구체적인 꿈을 꾼 후에 지금 하고 있는 일을 정성을 다해 배우면 마침내 그 꿈을 이루게 된다. 만약 지금 하고 있는 일로 꿈을 이룰 수 없다면 다른 직업을 찾는 게 좋다. 지금 하고 있는 일을 훌륭히 해내는 것, 그것이 돈을 버는 확실한 방법이다.

재무 설계를 할 때 무엇보다 중요한 것은 일에서 기쁨을 찾으려는 마음이다. 오로지 돈을 목적으로 비즈니스를 하면 자신을 위험한 상황에 빠뜨리게 된다. 당신만이 할 수 있는 일로 돈을 벌어라.

세상에 나의 존재를 알려라

당신이 무엇을 아는지 또는 누구를 아는지는 중요하지 않다.
누가 당신을 아느냐가 중요할 뿐이다.

　　　　　　　　　　　　　　　　　　　　　－ 수잔 로안

'어느 날 아침에 눈을 떠보니 유명해졌다'는 바이런의 말처럼 갑자기 유명해진다면 기분이 어떨까? 마다할 사람이 있을까? 나도 한때는 세상의 칭송과 존경을 열망했다. 그러나 그것이 부질없는 일임을 알았다. 어느 날 갑자기 신데렐라가 될 수는 없다는 것도 깨달았다. 자기의 길을 오랫동안 견디며 걸어왔기에 필연적인 행운을 만나 세상에 이름을 알릴 수 있었음을 알게 되었다. 나는 어떻게 유명해질 수 있을까? 이것이 마케팅의 기본 질문이다.

비즈니스 모델이 정해지고 제품과 서비스의 품질이 좋아도 누군가 관심을 가져주어야 사업이 유지될 수 있다. 세상에 회사와 나라는 존재의 특별함을 알려야 한다. 자신을 세상에 알릴 수 있는 적절한 마케팅 방안을 찾지 못한다면 세상은 그 사람에게 차별적인 비즈니스 모델과 필살기가 있다는 사실조차 알 수 없기 때문이다.

회사에 다닐 때와 자기 사업을 할 때의 차이점 가운데 하나는 내 일을 대신할 조직이나 사람이 없다는 것이다. 처음부터 끝까지 내가 책임지고 해야 한다. 제품이나 서비스 개발은 물론 마케팅도 나의 몫이 된다. 업체에 의뢰하면 비용이 발생하고 부담이 되므로 처음부터 대규모 광고나 고가의 홍보 전문가를 활용하기는 어렵다. 스스로 해결해야 한다.

가장 좋은 마케팅은 무위의 마케팅이다. 좋은 제품에는 마케팅이 필요 없는 것처럼 매력적인 사람, 필살기를 갖춘 사람, 인생 자체가 베스트셀러인 사람은 자신을 알리려 적극적으로 애를 쓸 필요가 없다. 유혹의 기술과 흡사하다. 식물은 스스로를 알리기 위해 이리저리 분주하게 움직일 수가 없다. 대신에 아름다운 자태와 매혹적인 향기를 발산함으로써 나비와 벌을 통해 자신의 존재를 세상에 알린다. 특별하고 차별적인 스토리가 있다면 마케팅은 한결 쉬워진다.

그렇다고 그럴듯하게 포장하거나 거짓으로 조작해서는 절대 안 된다. 마케팅에서 가장 중요한 것은 진실성이다. 진실성은 스스로 생각하는 이미지에 부합하는 내면과 외면의 조화다. 마케팅의 내용이 거짓과 과장, 왜곡이 아닌 진실성을 담아냈느냐가 영향력을 좌우하는 시대다. 소셜 네트워크의 확장은 거짓과 왜곡을 벗겨낼 정도로 투명한 인프라를 만들어냈다. 어느 누구도 진실함을 담지 못하면 오래가기 힘들다. 유명 인사가 한 순간에 나락으로 떨어지는 일을 우리는 너무 자주 본다.

진실성을 바탕으로 마케팅을 구체적이고 효과적으로 할 수 있는 방법에는 무엇이 있을까? 다음 다섯 가지 요소를 기억하자. 첫째, 브랜드 네이밍을 통해 나 자신과 내가 하는 일의 비전을 고객에게 명확하게 전달할 수 있어야 한다. 브랜드란 시장에서 불리는 회사 또는 나의 이름이다. 브랜드 네이밍을 할 때는 꿈과 가치관을 담아 비즈니스 콘셉트를 브랜드로 표현한다. 그러기 위해서는 내가 하고자 하는 비즈니스의 차별적인 요소가 무엇인지를 먼저 명확히 정의해야 한다. 즉 내 사업을 시장에서 어떻게 포지셔닝Positioning 할 것인지를 생각해야 한다. 그런 후에 사업의 차별적 요소를 메시지로 만들고 시장과 커뮤니케이션을 해야 한다. 자신이 무슨 일을 하고 있는지 스스로에게 설명해보라. 그러고 나서 주변에 당신의 기업에서, 당신과 함께 일하고 싶은지를 물어보면 명확해진다.

브랜드를 만드는 일은 오랫동안 심사숙고해야 한다. 《너 자신이 브랜드가 되라》의 저자 데이비드 맥널리와 카알 D. 스피크는 브랜드에 담아야 할 필수 요소를 '역량', '표준', '스타일' 세 가지로 정의한다. 역량은 고객의 기본적인 기대를 만족시키기 위해 제품과 서비스가 해야 할 기능(1인 기업의 경우에는 본인이 해야 할 행동, 역할)을 의미한다. 예를 들어 고어텍스 제품은 방수와 통풍의 기능을 제공해야 하며 1인 기업의 경우에는 커뮤니케이션 전문가, 강사, 작가, CEO 등의 역할을 수행해야 한다. 표준은 역량을 수행하는 방식을 말하며 일관성 있게 고수하려는 성취 수준을 구체적으로 가리키는 것이다. '개방적인', '매사에 철저한', '고객우선주의', '지속적으로 나타나는 탁월한 성과' 등으로 표현할 수 있다. 스타일은 타인과 소통하는 방식을 말하며 타인과 상호작용할 때 만들어지는 감정적인 이미지다. '열정적인', '다정다감한', '현실적인' 등으로 표현할 수 있으며 반복적인 접촉을 통해 형성된다. 이 세 가지 관점을 고려하여 브랜드를 구축하라. 음식 조리하는 것을 떠올리면 이해하기가 쉽다. 얼큰한 매운탕이 어떻게 요리되었는지(표준), 그릇에 어떤 모양으로 담겼는지(스타일), 맛은 어떤지(역량)를 떠올리면 매운탕의 전체 이미지가 그려지는 것과 같다. 삶에 대한 복적, 비전, 가치관이 하나의 브랜드로 표현되고, 사람들이 그 브랜드에 차별성과 진실성이 있다고 느끼면 당신은 브랜드 파워를 갖게 된다.

이제 브랜드에 진정성을 담아 슬로건으로 표현하고 명함을 만들어라. 리츠칼튼 호텔은 "We are Ladies and Gentlemen Serving Ladies and Gentlemen(우리는 신사 숙녀 여러분들을 모시는 신사 숙녀입니다)"이라는 단순하지만 명확한 비전 문구를 갖고 있다. 실리콘밸리의 기업 CEO들에게 비즈니스 컨설팅 서비스를 제공하는 랜디 코미사는 '가상 세계의 CEOVirtual CEO'라는 명함을 갖고 있다. 기발하지 않은가? 명함에 미래를 담아라. 자신을 함축적으로 표현한 비전 명함을 만들고 널리 알려라. 매일 명함을 보고 꿈을 그리워하면 이루어지지 않을 수 없으리라.

둘째, 관련된 업체 및 에이전시Agency와 파트너십을 갖고 그들이 대행해서 홍보할 수 있도록 해라. 당신의 일과 유사한 분야의 회사에 제안해 서로 윈윈win-win할 수 있도록 하는 것도 일을 시작하는 초기에는 훌륭한 방법이 될 수 있다. 고정고객이나 팬이 생길 때까지 보완적인 마케팅이 가능하다.

나는 2013년에 엔지니어를 위한 인문교육 프로그램을 만들었다. 잘할 수 있는 것으로 먹고살기 위해 오랜 기간 준비한 것이었다. 기업의 엔지니어에게 인문학적 창의성을 키워줄 테크니컬 글쓰기, 감정관리, 문제해결, 인문학 강의 등을 담았는데 주변의 반응도 호의적이었다. 그러나 첫 관문을 통과하기가 힘들었다. 프로그램과 관련된 책을 한 권 쓰면서 알리기로 마음먹고 한편으로는 컨설팅 회사와 제휴해 컨설팅 제안 시 인문교육 프로그램을 포함시켜 그들의 컨설팅 사업과 시너지를 내보자고 건의했다. 이렇게 첫걸음을 내딛었다.

셋째, 나에게 우호적인 팬을 만들어 그들을 전도자로 만들어라. 도와달라고 부탁하고, 그들이 스스로 전도할 수 있도록 연대감을 지속시켜라. 그들에게 지속적으로 서비스를 제공하는 것이 중요하다.

넷째, 제품과 서비스를 효과적으로 알릴 수 있는 강연, 세미나, 프로그램을 개최하라. 내가 경험한 바로는 이 방법이 가장 효과적이다. 광고나 텔레마케팅, 전단지보다 비즈니스에 관련된 세미나를 개최하는 것이 큰 도움이 된다. 당장 수익을 올리려 하지 말고 파일럿을 통해 간을 보고 콘텐츠를 보완해나가는 것을 더 큰 목적으로 삼아야 한다.

다섯째, 자신과 유사한 위치에 있는 사람들과 적극적인 네트워킹 방식을 시도하거나 관련 업계 기관에 참여하는 것도 괜찮은 방법이다. 그러나 의도적으로, 계산적으로 참여하는 것은 바람직하지 않다.

오직 나의 실력과 진실성을 무기로 삼아 창의적이고 실험적으로 마케팅할 수 있는 방법을 고민하고 시도하라. 성공을 위해 가치관을 바꾸지는 마라. 당신이 용기 있게 진실한 모습을 보이면 신뢰는 빠르게 형성되고 오랫동안 유지될 수 있다. 진실성은 세상을 움직일 수 있는 가장 큰 힘이다. 이것이 세상에 그대가 살아 있음을 알릴 수 있는 마케팅의 진짜 비밀이다. *

* 7장의 'Step 12 비전 명함 제작'과 'Step 13 자기혁명 3개년 플랜'을 참조해 내 명함에 적을 나의 직업명과 비전 슬로건을 만들고, 3년 동안 나아가야 할 방향에 대한 밑그림과 구체적인 실천과제를 작성한다.

The
Turning Point
School for 3050

떠나기 전의 마음가짐

: 최선의 선택일까?

6

안이하게 살고자 하는가?

그렇다면 항상 군중 속에 머물러 있어라.

그리고 군중 속에 섞여 너 자신을 잃어버려라.

– 니체

마음에 집중하라. 감정은 이성과 분리되어 있지 않다. 감정을 경영할 수 없다면 두려움의 벽으로 에워싸인 미래 속에서 빛을 찾을 수 없다. 가장 중요한 것은 자신을 궁지 속으로 몰아가는 것을 멈추는 것이다. 스스로를 궁지에 몰아넣으면 불안이 밀려든다. 불안은 창조적 사고를 할 수 없게 만든다. 떠남을 두려워하지 말고 정말 괜찮은 제2의 인생을 찾아가는 즐거운 여정이라 여겨라. 심리적 불안을 흥분과 기대로 채워라.

불안은 불안에 대한 불안이다

사람을 상하게 하는 것은 과로가 아니라 걱정이나 불안이다.

— 버트런드 러셀

하고 싶은 일을 하며 살겠다는 마음을 굳게 먹은 날부터 불면이라는 불청객이 찾아왔다. 잠을 제대로 못 이루자 '처자식까지 딸린 마당에 돈을 못 벌면 어떡하지?', '이러다 백수 되는 거 아냐?', '만약에 일이 잘못되면 직장으로 다시 돌아가야 하나? 아니 살 수 있을까?' 하는 생각이 꼬리를 물었다. 문득 예전에 겪은 공황장애의 악몽이 떠올랐다. 어느 공원 벤치 앞에서 극심한 스트레스 때문이었는지 이유를 알 수 없는 과도한 불안감에 패닉 상태로 떨고 있었다. 지금은 그런 위태로운 상황이 아닌데도 앞날이 어찌 전개될지 모른다는 막연함이 불안을 느끼게 했다. 이후에도 불안을 동반한 불면은 주기적으로 찾아왔다. 다음 날 중요한 강의가 있는 밤에는 선잠을 자다 깨다 했다. 비몽사몽 강의를 하다 돌아오는 날도 있었다. 분명 내가 선택한 일이었는데 내 진짜 마음은 그렇지 않았던 것일까?

곰곰이 생각해보니 나는 인생의 불확실성을 가슴으로 받아들이지 못하고 있었다. 직장이라는 울타리가 주는 안정감에서 벗어나자 갑자기 무방비 상태에 놓였다. 할 일도 준비해두고, 또 앞으로 무엇을 할 것인지도 정해놓았지만 직장이 주는 안정감이 크게 느껴졌던 것 같다. 아직 직장인의 때를 벗지 못하고 있었다.

안정의 감정은 훈련의 결과다. 안정은 편안함을 준다. 그러나 안정에 길들여지면 벗어나지 않으려 애를 쓰게 된다. 도전과 모험은 사라진다. 삶이란 도전과 시도를 통해 새로운 나를 발견하고 성장하는 것인데 이런 기회가 차단된다.

안정이라는 감정을 조금 깊이 들여다보면 불안이라는 어린아이가 웅크리고 앉아 있다. 우리는 지금이 불안하기 때문에 안정을 갈망한다. 안정은 실제로는 불완전한 안정이다. 직장을 다녀도 직장을 나와도 불안이라는 감정은 없어지지 않는다.

사람들은 불안감에 휩싸이면 그 감정을 해소하는 것과 상관없는 일을 하면서 '잘될 거야'라는 근거 없는 낙관주의에 빠진다. 나 역시 그랬다. 이유를 알 수 없는 불안과 공허함이 종종 가슴을 휘감을 때 '닦고 조이고 기름 치자'고 외치면서 성급하게 불안에서 탈출하려고 했고 그럴듯한 목표를 세우고 불굴의 의지로 돌파해야 하는 강박에서 머뭇거렸다. 그러나 정당한 고통은 직면해야지 회피하면 반드시 대가를 치른다. 그 누가 대신할 수 없다. 불편한 순간에 잠시 멈춘 그대로 내 불안을 바라보자. 정말 뭐가 얼마나 불안한지 일단 직면해야 한다. 그 과정 없이는 본질에 다가갈 수 없다. 나는 믿는다. 막다른 길에서 만나는 깨달음은 무엇에 비할 수 없는 강력한 자기통찰로 연결된다는 것을.

불안과 대면해야 어른이 된다. 불안은 어찌 보면 삶의 본질적 요소인데 자기 힘으로 대처해본 적이 별로 없다. 늘 대신 해결해줄 사람을 찾는다. 그러니까 나이를 먹어도 어른이 되지 못한다. 불안에서 벗어나려면 자기 확신이 있어야 하는데 자기를 느낄 수 있어야 자기 확신도 생긴다. 요즘 주변을 둘러보면 직접 몸으로 부딪치거나 자신을 시험할 수 있는 일이 철저히 차단되어 있어 안타깝다. 시행착오를 겪으며 의미를 해석하고 자기 확신으로 연결되는 선순환의 고리를 찾아야 한다. 여행이나 문화적 체험 등은 온몸의 세포가 다 살아나는 경험이고 우리가 충분히 할 수 있고 자기 객관화를 이루어내는 좋은 방법이다.

어느 잠 못 이루던 새벽, 인생은 어차피 불확실한 것이니 불확실한 상황을 마음으로 받아들이고 파도를 타듯이 살아가는 것이 더 중요하지 않을까 생각했다.

'지금의 일상을 그대로 유지하는 데서 오는 마음의 불편함이 앞으로 변화를 모색하는 과정에서 감수해야 하는 불안보다 더 클 것이다. 새로운 시작을 앞두고 불안한 것은 당연한 일이다. 불안해하지 않는 것처럼 보이는 것은 자신을 속이는 것이다. 실제로 뛰어들어 조금씩 앞으로 나아가면 불안은 작아질 것이다. 불안은 곧 불안에 대한 불안일 뿐이다.'

이런 생각이 솟구치자 불면은 차츰 사라졌다. 불안은 불안해하는 것을 현실로 만든다. 마치 청중 앞에서 발표할 때 실수하지 말아야지 하면 실수하게 되는 것과 같다. 불안에 대한 불안에서 자유로워지는 것, 불안 자체를 겁낼 필요가 없다는 것, 불안의 포로가 되지 않겠다는 것, 불안에는 가능성이 내포되어 있다는 것, 이것이 내가 떠날 때 얻은 첫 마음가짐이었다.

최선을 선택하면 후회하지 않는다

인생은 B(Birth)와 D(Death) 사이의 C(Choice)다.

– 장 폴 사르트르

인생은 선택의 연속이다. 하루하루 수많은 선택의 기로에서 고민할 수밖에 없는 것이 인생 여정이다. 우리는 행복을 선택할 수도 있고 불행을 선택할 수도 있다. 최선을 선택할 수도 있고 차선을 선택할 수도 있다. 지금 선택할 수도 있고 다음을 기약할 수도 있다. 중요한 것은 자기 스스로 선택할 수 있는 내면적 힘이 있느냐 그렇지 않으냐의 차이다. 선택을 할 때 간절히 원했는지, 그리고 그 선택을 얼마나 확신하는지에 주의 깊게 귀 기울이고 최선을 다해 선택하라.

《폰더 씨의 위대한 하루》에 《안네의 일기》로 유명한 안네 프랑크가 등장한다. 나치 치하, 네덜란드의 비밀다락방으로 날아간 폰더는 해맑은 웃음이 눈에 띄는 한 소녀(안네 프랑크)를 만난다. 안네는 전쟁이 끔찍하다는 것을 알고 있지만 그 상황이 언젠가는 끝나리라고 믿는 소녀다. 그래서 안네는 웃으며 이렇게 말한다.

"오늘 나는 행복한 사람이 될 것을 선택하겠다. 지금 이 순간부터 나는 행복한 사람이다. 왜냐하면 나는 행복의 개념을 완벽하게 이해했기 때문이다. 행복은 하나의 선택이다. 행복은 어떤 생각과 행동, 내 신체 속에 화학적 반응을 일으키는 생각과 행동의 총합이다. 이 황홀한 느낌은 어떤 사람에게는 막연하게 느껴지겠지만 나는 이제 그것을 확실하게 통제한다."

사춘기의 뜨락에서 불안과 고뇌가 생을 지배할 수밖에 없는 현실을 초연하게 그리고 긍정적으로 대하는 모습에 자세를 바로 하지 않을 수 없다. 행복은 선택의 문제다. 행복은 외부 조건에 의해 결정되는 것이 아니라 내가 주도적으로 선택할 때 따라오는 것이다. 행복은 내가 켜고 싶을 때 켜고 끄고 싶을 때 끌 수 있는 텔레비전과 같다. 눈이 올 때 우리는 두 가지 생각을 한다. 길이 막히고 질퍽질퍽한 거리를 떠올리며 짜증을 낼 수도 있고 온 세상을 푸근하게 덮어주는 눈발에 감탄할 수도 있다.

갈림길에 서게 되면 최선을 선택하라. 현실에 치여 차선만 선택하면 인생은 최선을 구할 줄을 모르고 남을 따라 흘러간다. 막다른 길에 몰려 제 인생으로 가는 길을 잃기도 한다. 우리는 그동안 얼마나 많은 차선을 선택하며 살아왔는가? 차선을 선택하는 삶은 반드시 후회를 남긴다. 하고 싶은 최선책을 선택하라. 그리고 최선을 다하라.

무엇이 최선의 선택일까? 정답은 없다. 최선을 선택했지만 여전히 불안과 두려움은 남을 수 있고 선택에 따른 기회비용도 감당해야 한다. 자기 사업을 하기로 선택했다면 안정적인 월급은 포기할 수 있어야 한다. 자유를 선택하면 외로움은 감내해야 한다.

그동안 살아오면서 수많은 선택을 했지만 내가 가장 잘한 일은 책을 쓰기로 마음먹은 것과 20년의 직장생활을 뒤로하고 회사를 나오기로 한 것이었다. 주변 사람들은 종종 말한다. "아니, 왜 회사를 그만두셨어요? 용기가 대단하세요." 그러면 나는 이렇게 답한다.

"솔직히 더 다닐 날도 얼마 남지 않았고 앞길이 뻔한데 그 길을 굳이 가야 하는지 회의가 들더라고요. 물론 마음은 오래 전부터 먹었지만 회사에서뿐 아니라 사회에서 인정받을 수 있는 전문성을 키워야 하는 시간이 필요했고 이제는 때가 되었다는 느낌이 왔습니다. 앞날이 어떻게 펼쳐질지 모르겠지만 한 번뿐인 인생인데 자기답게 살 수 있는 기회는 줘봐야 된다고 생각했습니다. 불안하지만 그 불안을 견딜 수 있겠다는 생각도 들었습니다."

또 이런 상담도 해온다. "당장 회사를 그만두고 싶은데 그러지 못해서 미치겠어요." 나는 이렇게 대답한다. "그만두지 마세요. 아직 선택할 때가 아닙니다. 진짜 그만두는 사람은 스스로 결정해서 조용히 그만둡니다." 제 머리로 선택했느냐,

그렇지 않으냐, 충분한 준비와 정보를 갖추고 선택을 했느냐, 선택에 따른 반대급부를 견딜 수 있느냐, 이것이 최선의 선택을 하는 기준이라고 나는 생각한다.

다시 말하지만 선택에 정답은 없다. 다만 스스로의 선택이 있었는지, 그렇지 않은지가 중요하다. 그리고 선택에 따른 기회비용을 충분히 감당할 수 있다면 선택은 다소 쉬워질 수 있고 또 다른 기회가 될 수 있는 확률이 높다. 어떤 선택이 올바른지는 스스로 이미 알고 있지만 선택이 어려운 이유다.

언제가 타이밍일까

> 당신이 결정을 내리는 순간 버려져 있던 어마어마한 에너지가 움직이기 시작한다.
>
> – 로버트 프리츠

모든 일에는 다 '때'가 있다. 때가 되면 대학 가고, 취직하고, 결혼하는 천편일률적인 때가 있고 내가 하고 싶은 일을 하고 그 일로 만족스러운 인생을 살게 되는 결정적 계기도 있나.

인생은 선택에 의해 결정되며, 선택은 성공과 직결된다. 그런데 선택의 과정이나 결과도 중요하지만 의사결정의 '시기Timing'가 무엇보다 중요할 때가 있다. 결혼식이나 이사 날짜를 택일하는 이유도 좋은 시기에 길조가 따라온다는 믿음 때문이다. 이왕이면 운 좋은 날이 나쁠 이유는 없지 않은가? 부동산도 타이밍이 중요하고 사업도 타이밍에 좌지우지된다. 타이밍을 놓치는 것은 손실이다. 사소한 예를 하나 더 들자면 직장에서 상사에게 보고할 때도 박자를 잘 맞춰야 한다. 상사의 기분에 따라 공들여 작성한 보고서임에도 질책을 듣기도 하고 대충 보고를 해도 칭찬을 들을 때가 있다.

새로운 시작을 위한 준비가 되면 타이밍을 숙고해야 한다. 인생 2막으로의 전환은 일대 사건이므로 타이밍을 놓치지 않도록 주의해야 한다. 적절한 때에 맞춰 결단을 하는 게 중요하다. 자칫 기회를 놓칠 수 있다.

문제는 언제가 적절한 타이밍인지를 어떻게 알 수 있느냐는 것이다. 나는 회사를 떠나기 몇 년 전부터 회사를 나오기로 마음먹었지만 시점을 확신할 수 없었다. 계속 망설이며 언제까지 선택을 미룰 수는 없는 일이었다. 어찌 보면 선택을 하지 않는 것 자체도 선택이다. 그렇게 보면 세상 모든 행위는 선택을 동반한다.

과연 언제가 적기일까? 이런 생각들이 솟아오른다면 그때가 타이밍이다. 이제 더 이상 이 일과 이 회사는 아니라는 마음이 용솟음칠 때, 선택이란 또 다른 모험이며 선택에 대한 기회비용을 기꺼이 감수할 수 있다는 용기가 솟구칠 때, 결심을 했는데 마음이 편해질 때, 뭐 할까라는 의문에 '6개월간 찾아보면 되지'라는 소리가 들려올 때, 잠도 못 자고 고민이 계속된다면 기회가 온 것이다.

인생은 결국 작은 의사결정들이 모여서 이루어지는데, 선택의 타이밍이 온다면 주저하지 않고 실행할 수 있는 용기가 필요하다. 상황이 좋아지길 기다리면 평생 기다리기만 할지도 모른다. 모든 것이 완벽하게 갖춰지길 원하면 시작도 하지 못한다. 삶의 변화를 원한다면, 올바른 기회를 찾아냈다면, 그때가 적기 아닐까?

행운은 어디에서 오는가

> 행운이란 기회를 알아보는 감각이며, 그것을 이용하는 능력
> 이다.
>
> — 새뮤얼 골드윈(영화감독)

현대인들에게 인생역전을 할 수 있는 방법을 물어보면 많은 사람들이 주저 없이 '로또!'를 외친다. 일을 안 해도 돈 걱정 없이 즐기며 살고 싶은 로망을 대변하는 대표 상품이기 때문이다.

우리 동네에는 2013년 12월까지, 1등이 무려 20번이나 나온 전국 최고의 로또명당이 있다. 토요일 오후가 되면 로또를 사려는 사람들로 인산인해를 이룬다.

나도 전날 밤 꿈이 좋거나 아침부터 일이 잘 풀릴 때, 왠지 모를 불안감이 찾아올 때 로또를 사본 적이 있다. 하지만 1등은 고사하고 4등도 당첨된 적이 없다. 번번이 당첨이 빗겨나가는 것을 보며 운을 탓하기도 했다. 일확천금을 기대하며 로또를 사지만 안타깝게도 1등에 당첨될 확률은 815만 분의 1로

거의 0에 가깝다. 누구나 인생역전을 꿈꾸지만 기회는 아무에게나 찾아오지 않는다. 당첨이 되든 안 되든 그냥 일주일이 든든한 기분, 그 맛에 로또를 사는 사람들이 많다. 그렇게 또 일주일을 지낼 수 있다는 것이 오히려 위안인지도 모른다. 그래서 아무 부담 없이 로또복권을 사고 약간의 실망과 체념을 뒤로하고 미련 없이 던져버린다.

성공하려면 로또에 당첨되는 정도는 아니더라도 운이 좋아야 한다. 모든 성공한 사람들은 자신이 운이 좋았다는 것을 알고 있다. 실제로 성공한 사람들을 인터뷰해보면 거의 대부분 '운이 좋았다'고 말한다. 마치 온 우주가 나서서 성공을 돕는 느낌이 없는 성공은 없는 것 같다. 농담이 아니라 진짜다. 겸손이 아니라 진짜다.

나는 운에는 크게 두 가지 방식이 있다고 믿는다. 하나는 신이 우리에게 주는 행운이다. 마치 로또에 당첨되듯, 벼락처럼 불현듯 찾아온다. 이런 행운은 인간이 통제 불가능한 우연의 사건이다. 살면서 이런 행운이 찾아온다면 큰 축복일 것이다. 다른 하나는 만들어지는 행운이다. 필연의 법칙을 따르는 것 같지는 않지만 이전의 어떤 행동 때문에 예기치 않은 방식으로 화답한다.

직장을 나와서 홀로서기를 한 첫해가 나는 가장 불안했다. 회사를 떠난 후 내 인생이 어떤 모습으로 펼쳐질지 예측하기가 힘들었다. 회사를 떠나기 전에 개인적으로 수주한 컨설팅 프로젝트 외에 아무것도 확신할 수가 없었다. 그때 이전 파트너의 연락을 받았다. 대학생을 대상으로 교육 프로그램 진행을 부탁하는 내용이었다. 오래전에 그의 회사에서 교육을 진행한 적이 있었는데 수강생들의 평도 좋았고 교재 개발부터 교육 평가까지 책임감 있는 모습을 보여준 것이 인상적이었다고 했다. 그때부터 나는 매년 그 회사와 파트너로 일을 하고 있다.

행운은 누구에게나 찾아온다. 다만 새뮤얼 골드윈의 말처럼 어떤 사람은 그것을 잘 알아보고 어떤 사람은 행운이 찾아온 것을 모른다. 행운은 어떻게 우리를 찾아오는가? 한마디로 표현하면 평소 사람과의 관계에서 어떻게 행동했느냐에 따라 결정된다. 운 좋은 사람은 다른 사람들로 하여금 도와주고 싶은 마음이 들게끔 행동을 한다. 그렇다면 행운이 찾아올 확률을 높이려면 어떻게 해야 할까?

친절을 베풀어라. 대가를 바라지 말고 순수하게 호의를 베풀어라. 다른 사람이 도움을 요청할 때 거절하지 마라. 특히 어려움에 처한 사람에게 호의를 베풀면 효과는 배가 된다. 호의를 베푸는 사람은 기분이 좋아지고 호의를 받는 사람은 그 도움을 잊지 못한다.

신뢰를 얻어라. 신뢰는 상대방의 마음을 얻어야 쌓인다. 마음을 열고 다른 사람을 인정하고 격려할 때 생겨난다. 말보다는 행동을 보여줄 때 신뢰가 더 두터워진다. 신뢰를 얻게 되면 믿고 맡기고 싶어진다. 기회로 이어질 수도 있다. 특히 영향력 있는 사람의 신뢰를 얻게 되면 행운이 찾아올 확률은 더 높아진다.

감정에 휘둘리지 마라. 감정에 휘둘려 관계를 정리하고 나면 득보다 실이 많다. 일이 잘못되면 다른 사람에게 책임을 전가하거나 원망하지 마라. 바보 같은 짓이다. 비난을 떠넘긴 상대방과 적이 될뿐더러 그대도 책임에서 자유로울 수 없게 된다.

일이 내 뜻대로 되지 않는다고 해서 분노하고 토라지지 마라. 상대방에게 보복하고 싶은 기분이 들더라도 내색하지 마라. 내 제안이 채택되지 못하고, 해외 연수의 기회가 다른 사람에게 돌아가더라도 기회를 준 것에 감사하다고 말하라. 이것은 유효한 인생 전략이며 성숙한 인간의 태도다. 사람들은 누군가에세 비안한 일을 하게 되면 마음의 빛을 진다. 화내고 보복하는 것은 상대방에게 빛을 청산할 수 있는 기회를 주는 것이다. 당신에게 늘 빛을 지게 하라. 그들은 가능하면 그 빛을 갚으려고 할 것이다. 그러니 당신에게 기회를 선물할 가능성이 커진다. 인간의 가치를 믿고 관계를 소중히 여기는 사람 곁에는 항상 행운이 따르는 법이다.

새로운 방식을 시도하라. 똑같은 방식으로 일을 반복하지 말고 새로운 방식을 도모하라. 새로운 방식의 모색은 실수를 동반하나 더 큰 성과를 만들어낼 수 있다. 소위 대박이 가능하다. 똑같은 실수만 하지 않으면 창조적 모색이 될 것이다.

꼭 하고 싶은 일을 하라. 인생이 즐거워진다. 1년에 한두 개는 찬란한 삶을 획책할 수 있는 신 나는 일을 계획하고 시도하라. 지루하고 반복된 삶에 균열을 내고 자유로운 공기로 가득 채워라. 스스로에게 운 좋은 일을 선물하는 방법이다. 스스로 만족하고 즐기지 않으면 어떤 기회가 와도 잡을 수 없다.

행운에 대해서는 감사하되 불운에 대해서는 그 무엇도 그 누구도 원망하지 마라. 이것이 좋은 방법이라서가 아니라 다른 방법이 없어서다. 행운은 우연과 필연 사이를 거닐고 있다. 운 좋은 사람들은 신으로부터 오는 통제할 수 없는 우연을 운명처럼 즐기고, 사람으로부터 오는 행운을 경영함으로써 운 좋은 하루를 맞이한다.

실패해도 괜찮다

우리는 성공보다 실패를 통해 더 많은 것을 배운다. 하지 말아야 할 것을 발견함으로써 해야 할 것을 발견하게 된다.

– 새뮤얼 스마일스

비즈니스를 처음 시작하는 사람은 성공만을 생각하고 실패에 대한 생각은 거의 하지 않는다. 물론 반대로 실패할까 봐 전전긍긍하는 사람도 있지만 대개는 좋은 아이템과 자본, 기술력만 갖추면 순식간에 대박을 터트릴 것으로 기대한다. 하지만 불확실성이 지배하는 비즈니스 세계에서 철저한 준비와 실패에 대한 대비 없이 뛰어들었다가는 낭패를 보기 십상이다.

성공하기 위해서는 성공을 만드는 능력도 중요하지만, 세상이 실패라고 여기는 것을 견디는 능력도 중요하다. 변화란 불가피하며 인간이 통제할 수 있는 부분은 제한적이다. 아무리 똑똑하고 성실한 사람도 실패할 가능성은 열려 있다.

실패를 두려워하면 시작할 수 없다. 실패를 두려워하는 것

은 실패하는 것보다 더 나쁘다. 실패에 대한 두려움은 가능성
으로부터 우리를 차단한다.

누구나 살면서 어떤 시점에 어떤 방식으로든 실패를 만나
게 되어 있다. 실패는 흔하게 마주치는 경험이다. 다만 실패
를 대하는 태도와 실패를 경험할 때 그것을 자신에게 설명하
는 방식은 사람마다 다르다. 성공한 사람들은 낙관적이다. 그
들은 실패란 특정한 상황에서만 발생하는 사건이며 충분히
자신의 능력으로 극복될 수 있다고 믿는다. 반면 비관적인 사
람들은 실패가 자신의 무능력, 불운에 의해 발생한다고 믿는
다. 실패란 인생 전반에 걸쳐 일어나며 아무것도 할 수 없다
고 자포자기한다.

어리석음이나 어떤 문제가 있어 실패한다는 시각에서 벗어
나야 한다. 실패를 자기 탓, 남의 탓이나 상황 탓으로 돌리지
않아야 한다. 실패를 권장하는 것도 바람직하지 않지만 성공
을 향해 나아가는 과정에 언제든지 있을 수 있다는 받아들임
이 중요하다. 실패를 하면 원인을 찾고 수정해서 다시 시도하
려는 도전적인 자세가 필요하다. 넘어지는 것이 실패가 아니
라 넘어진 자리에 그대로 머무는 것이 실패라는 말도 있지 않
은가.

농부는 거름으로 쓸 배설물을 가벼이 여기지 않는다. 좋은
거름에서는 지독한 냄새가 난다. 실패는 배설물과 같다. 실패
라는 배설물을 업신여기지 말아야 한다. 거름이 있어야 새싹

이 움트고 열매가 자란다.

세 종류의 실패가 있다. 첫 번째 실패는 자신이 싫어하는 분야에서 성공하게 되는 것이다. 의미와 보람이 없다. 지치기 쉽고 후회가 밀려온다. 두 번째 실패는 좋아하는 분야에서 실패하는 것이다. 이것이 진짜 실패다. 그러나 이런 실패는 반드시 성공하게 되어 있다. 세 번째 실패는 아무것도 하지 않는 것이다. 이것은 완벽한 실패다. 무실패는 완벽한 실패다. 인생을 낭비했기 때문이다.

실패는 성공을 향한 여정의 한 부분이다. 실패를 하는 순간 파격적인 학습을 받는다고 생각하면 된다. 실패란 여태껏 몰랐던 새로운 것을 배우게 되는 신호다. 실패를 받아들이면 우리는 성인의 세계에서 어린아이의 특성을 회복할 수 있다. 실패란 피할 수 없는 것이라고 인정하되 두 번 다시 같은 실패를 하지 않도록 주의하라. 실패는 없다. 오로지 부수히 많은 시도만 있을 뿐이다.

가족을 설득하라

긴 상이 있다
한 아름에 잡히지 않아 같이 들어야 한다
좁은 문이 나타나면
한 사람은 등을 앞으로 하고 걸어야 한다
뒤로 걷는 사람은 앞으로 걷는 사람을 읽으며
걸음을 옮겨야 한다
잠시 허리를 펴거나 굽힐 때
서로 높이를 조절해야 한다
다 온 것 같다고
먼저 탕 하고 상을 내려놓아서도 안 된다
걸음의 속도도 맞추어야 한다
한 발
또 한 발

– 함민복의 시, 〈부부〉

비즈니스는 늘 고객을 생각해야 한다. 비즈니스를 한마디로 정의하면 '고객과의 지속적인 관계'이기 때문이다. 새로운 밥벌이를 시작할 때 아내(남편)는 가장 까다로운 최초의 고객이다. 아내를 안심시키고 설득하면 다른 고객의 마음을 얻기는 한결 쉽다. 아내를 설득할 수 있는 가장 좋은 방법은 사전에 잘 준비하는 것이다. 내가 제공하는 서비스에 만족하고 감탄하게 하라.

직장을 다니면서 가끔 이런 생각을 한 적이 있을 것이다.

"마누라랑 애들만 없으면 진짜 올인해서 대박으로 만들었을 텐데."

마치 가족이 내 미래의 발목을 붙잡는 양 합리화하려 든다. 그러나 가족은 든든한 지원군이다. 가족이 흔들리면 그 어떤 일에도 온전히 전념하기가 어렵다. 수신제가가 되어야 새로운 일을 도모할 수 있다.

나는 직장을 다니면서 업계 최고의 자격증인 기술사를 취득했다. 구본형 변화경영연구원 활동을 하면서 1년 동안 독서와 글쓰기를 수련했고 이듬해에는 첫 책을 출간했다. 회사를 나오기 전에 공저를 포함해 다섯 권의 책을 출간했고 강연과 교육도 꾸준히 해서 어느 정도 지명도도 갖추었다. 이제는 준비가 되었다고 생각하고 결단을 내리려 했으나 마음 한구석에 뭔가 찜찜함이 남아 있었다. 곰곰이 생각해보니 가족 때문이었다. 최악의 상황에 몰렸을 때 내가 가족을 건사할 수 있을까, 라는 의심이 사라지지 않았다. 내가 나를 믿지 못하고 있었다. 나에 대한 불신이 가족의 불안을 해소시키지 못했던 것이다.

나 자신에 대한 믿음이 먼저였다. 나는 가진 자산을 다시 따져보았다. 많진 않았지만 그렇다고 일순간에 무너질 정도는 아니었다. 최소 1년은 아무것도 하지 않는다 해도 견딜 수 있을 것 같았다. 그리고 그동안 쌓아올린 경력과 휴먼 네트워크도 도움이 되리라고 판단했다. 무엇보다 어려울 때 좌절하지 않고 돌파해나가는 추진력은 가장 큰 자산이었다.

'그래, 한 번뿐인 인생 이제는 나답게 살아볼 기회를 주자.'

내가 나를 믿자 아내도 나를 믿었다. 아내는 후회하지 않을 거라면 선택을 믿으라고 했다. 아내의 마음을 얻고 나자 마음이 깃털처럼 가벼워졌다.

회사를 나와 1인 기업가로 살아가고 있는 지금 나는 아내와 공동운명체라는 것을 실감한다. 긴 시간 직장을 다니는 동안에는 매달 고정적인 월급이 있었지만 몇 년 전 기본급에 성과급을 받게 되면서부터 아내는 분기 단위로 살림을 살았고 이제는 일정치 않은 벌이 때문에 연 단위로 가계를 운영한다. 돌이켜보면 이 모든 것이 예행연습이 아닌가 싶다. 가족은 최후의 보루다. 내가 어려울 때 아내도, 두 딸도 같이 고민한다.

인생의 전환을 모색하려는 사람은 반드시 혼자의 마음으로 결정해야 한다. 먼저 자신을 설득해야 한다. 그런 후에 반드시 가족의 이해를 구해야 한다. 그렇지 않으면 마음 한구석이 켕겨서 중심을 잡기 어렵다. 외롭고 방황하기 쉽다. 잘 살아보자고 시작했지만 이전보다 못한 상황에 처할 수도 있다. 든든한 지원군을 얻는 것이야말로 나다운 길을 걸어가는 데 큰 힘이 된다. *

* 내가 가고 싶은 그 길로 가기 위해서는 새로운 결단이 필요하다. 7장의 'Step 14 상징의식 만들기'를 참조해 나를 절박하게 몰아가기 위한 상징적인 의식을 만들어보자.

The
Turning Point
School for 3050

혁명을 하려면
웃고 즐기며 하라

: 자기혁명을 완성하는 14단계

7

혁명을 하려면 웃고 즐기며 해라.

너무 진지하게 하지 마라.

그저 재미로 해라.

노동은 이제껏 우리가 너무 많이 해온 것 아닌가?

우리 노동을 폐지하자.

우리 일하는 것에 종지부를 찍자!

일은 재미일 수 있다.

그리하여 사람들은 일을 즐길 수 있다.

그러면 일은 노동이 아니다.

우리 노동을 그렇게 하자!

우리 재미를 위한 혁명을 하자.

– D. H. 로렌스

1. 주도성을 회복하라

: 기업가 정신으로 내 인생은 내가 개척한다는 뜻을 품어라.

2. 잃어버린 절실함과 꿈을 찾아라

: 희미해진 절실함과 꿈을 찾아야 내면의 변화를 이룰 수 있다.

3. 나만의 철학을 세워라

: 철학이 나약하면 오래갈 수 없다. 가치의 우선순위를 다시 정립하라.

4. 기억에 남을 성과를 이루어라

: 일은 성과다. 기억할 만한 성취를 만들어라.

5. 필살기를 계발하라

: 자신의 재능을 찾고 부합하는 중요한 일을 필사적으로 계발하라.

6. 평생을 함께할 파트너를 만들어라

: 어떤 사람을 남겼느냐에 따라 인생이 달라진다.

7. 자신만의 차별화 전략을 세워라

: 남들이 가는 길에는 내 길이 없다. 차별화만이 새로운 기회다.

8. 자기혁명 로드맵을 수립하라

: 자기혁명은 전략이다. 3개년 자기혁명 로드맵을 세워라.

9. 감정을 경영하라

: 불안, 분노, 우울, 수치심 등 감정의 의미를 재해석하는 연습을 하라.

10. 터닝 포인트를 만들어라

: 새로운 인생으로 나아가려는 분기점에 나만의 상징의식을 만들어라.

절대 과거로 돌아가지 마라. 매일 나에게 투자하는 습관을 들여라.

● ● ● ● ●

실천 길라잡이

- 자기혁명 로드맵 14개 Step의 구성은 최초 실행 순서에 따라 나열한 것이며, 순서대로 진행하는 것이 좋으나 자신의 상황과 준비 정도에 따라 일부 Step은 순서를 변경해도 무방하다.
- Step 과제는 1회 수행으로 끝나는 게 아니라 자기혁명을 실천하면서 꾸준히 보완되어 과제 결과물이 업데이트되어야 한다.
- Step 전부를 실행할 필요는 없다. 예를 들어 필살기가 효과적으로 개발되었다면 꼭 책을 쓸 필요는 없다.
- 본 Step에 나오는 사례는 대부분 나의 경험을 바탕으로 정리한 것이다.

Step 1~6은 지금 처한 현실에 대한 인식과 자신의 기질, 정서, 가치관, 욕망, 꿈, 강점에 대한 탐색 작업이다. 하프타임을 갖고 시도해보고 꾸준히 업데이트하라.

Step 7 성장일지 쓰기는 지금 당장 꾸준히 실천하라.

Step 8 비즈니스 성공 이력서 쓰기는 성과, 고객, 전문성, 휴먼 네트워크를 기준으로 과거 이력을 먼저 정리하라. 매년 초에 이력을 달성할 수 있는 계획을 세우고 연말에 이력을 채운다.

Step 9 필살기 창조는 현재 하고 있는 일에 대한 분석을 먼저 하고 필살기로 육성해야 할 일을 찾는다. 그런 다음 3년 동안 꾸준히 필살기를 갈고 닦을 시간을 확보한다.

Step 10 내 인생의 첫 책 쓰기는 먼저 어떤 책을 쓸 것인지를 탐색하고 책의 서문과 목차가 포함된 출간기획서를 완성한다. 책 쓰기는 자신의 브랜드를 세울 수 있는 강력한 무기이므로 실천하기를 권한다.

Step 11 비즈니스 모델 탐색은 꿈, 필살기, 시장을 분석하고 연결하여 사업계획서를 만든다. 파일럿을 통해 실험하고 모델을 완성하라.

Step 12 비전 명함 제작은 비즈니스 모델에 적합한 자신의 직업명(또는 회사명)과 비전 슬로건을 만들어 멋진 명함으로 새긴다.

Step 13 자기혁명 3개년 플랜은 꿈을 실현하기 위한 3개년 전략적 목표와 실천과제를 만든다.

Step 14 상징의식 만들기는 Step 1~13을 수행한 후 실천을 시작하는 다짐을 해도 좋고 먼저 의식을 거행한 후 Step 1~13을 수행할 수도 있다. 자기혁명의 로드맵을 세우거나 실천을 시작할 때 스스로에게 절실함을 부여하고 변화를 결단하는 의식을 꼭 거행하라.

자기혁명 로드맵을 세우는 것보다 더 중요한 것은 3년 동안 꾸준히 실천하는 것이다. 왜 3년의 시간이 필요한가? 이 책을 쓸 때 주위에서 너무 긴 시간이 아니냐고 물었다. 그렇지 않다. 한 분야에서 차별적 전문가가 되려면 1만 시간의 노력은 필요하다. 준비 정도에 따라 조금씩 다르겠지만 그동안 해온 일의 숙련 시간에 하루 5~7시간(업무 시간에 3~4시간, 그 외 시간 2~3시간)을 더한다면 1만 시간이 충분히 채워질 수 있다. 입사 3년이 지나야 일이 눈에 보이는 것처럼 자신만의 새로운 직업도 3년을 노력해야 뚜렷해진다. 3년의 실행 기간을 단축하고 싶다면 몰입만이 방법이다.

1년차는 탐색과 습관이다. 뜻을 굳게 세워 자기혁명 로드맵을 세우고, 이를 실천할 습관을 만들어라. 2년차는 성과다. 비즈니스 성공 이력서에 담을 주목할 성과를 만들고 필살기를 계발하라. 3년차는 실험과 확장이다. 비즈니스 모델을 실험하고 필살기를 강화해 자신의 브랜드를 만들고 홍보하라.

변화는 현실을 있는 그대로 받아들이는 데서 시작한다. 지금 처한 상황을 제대로 이해하지 않으면 주변 환경에 끌려 다니며 인생을 낭비하게 된다. SWOT 분석을 통해 강점Strengths, 약점Weaknesses, 기회Opportunities, 위협Threats 요소로 자신과 자신을 둘러싼 환경에 대해 이해하고 앞으로 나아가야 할 방향을 찾을 수 있다.

강점 : 당신이 우수하다고 생각하는 점은? 그것을 설명하는 경험은 무엇인가?

약점 : 당신이 약하다고 생각하는 점은? 그것을 극복한 사례는 있는가?

기회 : 당신이 처한 상황에서 긍정적인 요소는 무엇인가?

하는 일은 유망한가? 당신이 성장할 수 있는 기회는 무엇인가?

위협: 당신이 처한 상황에서 부정적인 요소는 무엇인가? 당신이 쇠퇴할 수 있는 위협 요소는 무엇인가?

- 자신의 성격, 자질, 경험, 경력, 직장, 가족, 친구, 건강, 돈, 지역 등을 고려하여 지금 처한 상황을 아래 사례와 같이 네 가지로 구분하여 객관적으로 작성해보자. 관점에 따라 강점이 약점이 될 수 있고 위협이 기회가 될 수도 있으나 현재 시점에서 마음이 더 가는 쪽에 기술한다.
- 각 항목에 대해 내가 느끼는 중요도를 기준으로 점수를 부여해보자(1점~5점).

강점(Strengths)	약점(Weaknesses)
• 기획력을 발휘하여 사내에서 IT와 인문학을 결합한 휴먼스킬 역량 강화 프로그램을 개발했다. (5) • 기술사 자격증을 취득하여 전문가로서 인정받을 수 있게 되었다. (4) • 회사에서 후배 직원들의 멘토 역할을 정기적으로 수행하고 있다. (3) • 프로젝트에서 한 번도 실패한 적이 없을 정도로 추진력이 강하다. (4)	• 야근이 많고 사람들을 좋아해 학습 등 개인시간을 꾸준히 할애하기 쉽지 않다. (5) • 일을 벌이는 것을 좋아하여 한 곳에 집중하지 못한다. (3) • 새로운 것에 도전하는 것을 두려워한다. (4)
기회(Opportunities)	위협(Threats)
• 대학동창이 온라인 게임을 개발해 함께 사업을 시작할 것을 제안했다. (4) • 사내에서 자기계발 세미나를 지속적으로 개최했는데 외부에서 강의 요청이 계속 들어오고 있다. (2) • 엔지니어링 업계가 기술과 인문학을 융합하는 인재 육성을 강화하고 있다. (4)	• 부모님 건강이 좋지 않아 내가 생활비를 대야 할 형편이다. (5) • 두 자녀가 중고등학교에 진학하여 학원비를 포함해 양육비가 크게 늘었다. (4) • 회사의 조직 개편으로 더 이상 승진을 기대하기 어렵다. (3) • 내년부터 시작할 프로젝트가 별로 없어 명예퇴직 대상자가 될 확률이 높다. (4)

- 4가지 요소 중에서 어떤 항목의 점수가 가장 많이 나오는가? 현재 상황에 대해 간단히 2~3줄로 정리해보자. 기회로부터 자신의 강점을 살리기 위해 어떤 전략을 취해야 할지 고민해보자.

  예) 자녀 양육 등 경제적 부담이 커지고 있으며, 회사에서는 더 이상 비전을 찾기 어려운 상황이다. 몇 년 전부터 자기계발에 투자하여 특화된 프로그램을 개발하고 전문 자격증을 취득했으며 다른 회사나 교육 장소에서 강의나 프로그램 진행을 점점 늘려 시장에서 나의 경쟁력을 키울 필요가 있다.

사람은 삶을 이야기의 형태로 경험하고 기억하고 저장하며 소통한다. 러시아 민속학자 프롭은 200여 편의 민담과 전설을 분석하여 그 공통된 서사의 틀을 밝혀냈다. 인산의 삶은 오직 이야기를 통해서 연결되고 의미를 갖는다. '여섯 조각 이야기'는 모든 이야기의 원형이라 할 수 있는 신화, 그중에서도 영웅 신화의 구조를 모방한다. '여섯 조각 이야기' 그리기를 통해 자신의 욕망, 정서 상태, 인지적 능력, 자기와 세계에 대한 태도, 인성 특성을 진단할 수 있다. 스토리 메이킹에 현재 자신의 상태, 역할, 감정, 관계, 사건 등을 투사하기 때문이다.

[진행방법]

- A4 크기의 종이 한 장과 연필, 지우개를 준비한다.

- 종이를 여섯 칸으로 나눈다.

- 주인공과 그가 사는 곳, 이야기 속에서 주인공이 해야 할 일(사명), 그것을 방해하는 것, 도와주는 것, 과제를 어떻게 수행하는지 혹은 못하는지, 이야기의 결말 등 6가지를 그림으로 그린다. 주인공이 꼭 사람일 필요는 없다.

- 그림에 맞는 이야기를 적는다. 그림 하나당 몇 줄이면 된다.

- 이야기에 어울리는 제목을 붙인다.

- 주제, 주된 감정, 과제 유형, 주인공의 영향력, 방해자의 영향력, 조력자의 영향력, 문제해결 과정, 과제수행 성공여부(결말) 등 8가지 항목으로 구분하여 분석한다.

- 혼자 충분히 할 수 있으나 다른 사람과 함께 하면 자신이 보지 못하는 사항에 대해 입체적인 피드백을 얻을 수 있다.

[여섯 조각 그림 샘플]

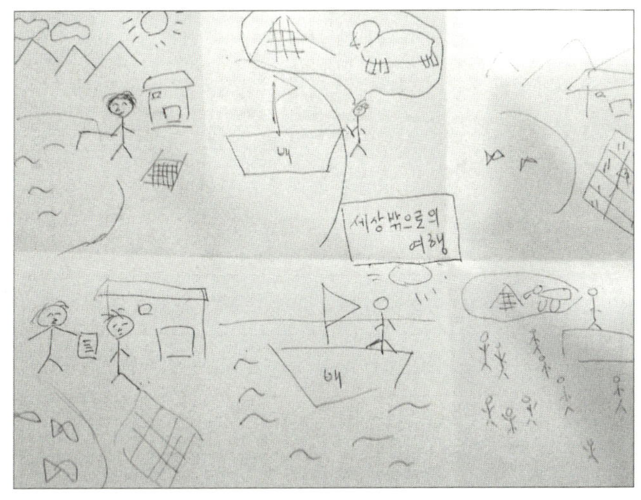

- 이야기

제목: 세상 밖으로의 여행

한 남자가 있었다. 그는 시골에서 밭을 일구고 고기를 잡으며 살았다. 그는 배를 타고 항해를 하고 싶었다. 파라미드와 스핑크스가 있는 신비로운 곳으로 가고 싶었다. 그러나 부양해야 하는 가족과 밭을 일구고 고기를 잡아야 하는 밥벌이가 떠남의 발목을 잡았다. 그러던 어느 날, 지인이 예기치 않게 돈을 주었다. 그는 그 돈으로 배를 만들어 마침내 바다로 나갔다. 그는 바다를 항해한 후 다시 돌아와 많은 사람들에게 그의 이야기를 들려주었다.

- 분석

주인공의 모습이 전부 다르게 그려짐

→ 자아상의 혼돈이 나타나고 게으른 성격을 엿볼 수 있음

이상적인 곳에 대한 갈망이 두드러짐

→ 생각에 몰두하면서 현실을 회피하는 성향이 있음

주제	현실에서 탈출하여 새로운 삶을 살고 싶어 함
주된 감정	불안, 회피
과제 유형	결단과 도전, 성취
주인공의 영향력	평범한 가장. 스스로 나약하다고 생각하며 결단력이 부족함
방해자의 영향력	가족과 직장. 밥벌이에 매인 현실 그 자체가 떠남의 방해요소라고 생각함
조력자의 영향력	뜻밖의 지인. 과제를 완수할 정도로 큰 도움이 됨
문제해결 과정	해피엔딩. 조력자의 도움으로 과제를 완수하게 됨. 그러나 스스로의 힘으로 해결하려는 의지가 부족함
과제수행 성공여부(결말)	과제 완수 후 다른 사람에게 그의 모험담을 들려주는 강연가가 됨

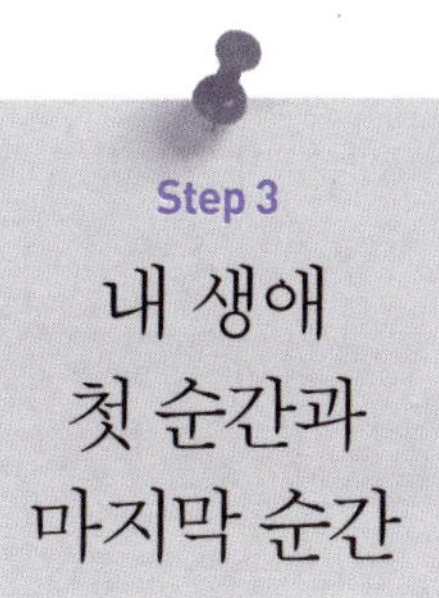

이 단계에서는 당신의 가면과 족쇄를 풀고 자유롭게 써라. 주위의 시선이나 수치심, 욕망, 불안, 자랑 등의 감정을 의식하지 말고 손이 가는 대로 써라. 내 생애 첫 순간의 장면을 통해 지금까지 나의 의식과 감정을 지배하는 것이 무엇인지 찾아낼 수 있다. 당신이라는 사람의 가면을 벗고 근원적으로 당신이 어떤 사람인지 알 수 있는 단초를 얻을 수 있다. 당신 생애의 마지막 순간을 회상해보면서 진짜 당신이 어떤 삶을 살고 싶은지를 다시 깨달을 수 있을 것이다. 끝을 아는 사람은 지금 어떻게 살고 싶은지 알 수 있다. 우리는 죽음을 기록함으로써 삶에 대한 중요한 시선을 얻을 수 있다. 죽음은 삶과 다르지 않다. 좋은 죽음은 좋은 삶이다.

1. 태어난 순간부터 가장 가까운 기억의 장면 3가지를 떠올
   려보라. 긍정적인 경험이든 부정적인 경험이든 상관없
   다. 하나의 장면을 10줄 이내로 묘사해보고 그에 대한
   솔직한 감정을 적어보라.

   : 내 삶의 첫 장면은 어머니와 동생들과 이웃집에 놀러갔을 때의
   모습이다. 조명이 어두운 방에서 어머니는 이웃 아줌마와 이야기
   를 나누고 있었다. 나는 옆에 가만히 앉아 있었는데 갑자기 비명
   소리가 들렸다. 어린 동생이 방문을 넘어 부엌으로 기어가다가
   끓는 양동이 물에 빠졌다. 예전에는 빨래를 양동이에 넣어 아궁
   이 불에 삶았다. 동생은 불행 중 다행으로 얼굴을 제외한 온몸에
   화상을 입었다. 그 장면은 나에게 큰 충격이었다. 물론 해가 갈수
   록 차츰 나아져 지금 큰 흔적은 남아 있지 않지만 그 사건으로 나
   는 지켜주지 못했다는 죄책감을 오랫동안 갖게 되었다. 살아오면
   서 내가 소중히 여기는 사람을 잘 챙겨줘야 한다는 부담을 자주
   느꼈던 것 같다. 나보다 오히려 다른 사람을 더 의식하고 신경을
   쓴 이유도 여기에 있지 않았나 싶다.

2. 이제 생을 마감할 시간이 10분밖에 남지 않았다. 그대
   곁에는 소중한 사람이 모여 있다. 그들에게 남기고 싶은
   말을 적어보라. 술을 한잔 마시고 적어도 좋다. 죽음의

자리로 가서 내 삶을 조망해보라. 내가 가장 그리워하는 일이 무엇인지 찾아라. 그곳에서 살고 싶은 삶을 얻어내라. 나의 장례식 연설문의 마지막 문구는 다음과 같았다.

: 이제 산소호흡기를 뗄 시간이다. 호흡이 가빠온다. 삶과 죽음은 한 순간임을 온몸으로 느낀다. 눈을 감는다. 여기저기 우는 소리가 들린다. 순간 지나온 시간이 주마등처럼 흐른다. 미안하고 후회가 많은 삶이었지만 행복했던 시절도 많았다. 그래도 깊이 살지 못했음을…… 아쉽다. 더 깊이 사랑하고 더 깊이 생각하고 더 깊이 내려갈 걸…… 삶을 깊이 있게 살지 못해 못내 아쉽다. 일희일비했던 순간이 많았다. 나라는 존재가 명멸하기 시작한다. 애처로운 인생이었지만 이제 받아들여야 하는 순간이다. 어디로 갈지, 어디로 사라질지 모르지만 무섭지는 않다. 마지막으로 한 문장이 스쳐 지나간다. 삶을 감사하리. 지금 살아 있음을 감사하라. 부디 그렇게 살아가길 내 소중한 사람들에게 바란다. 이제, 안녕!

아래 내용을 한번 따라 해보자.

- 열정을 느끼는 순간을 적어보자.

- 열정을 느끼는 장소를 적어보자.

- 기분 좋은 순간을 적어보자.

- 좋아하는 것들을 적어보자.

- 위의 4가지 목록을 찬찬히 보면서 이면에 숨어 있는 나의 욕망을 끌어내보자.

열정을 느끼는 순간

- 프로그램, 교육, 강연을 할 때 청중이 나에게 집중하는 순간

- 제안 프레젠테이션을 할 때

- 후배 직원에게 코칭을 할 때

- 고객사의 문제점을 해결해줄 때

열정을 느끼는 장소

- 강연장

- 나 홀로 집중할 수 있는 곳(북카페 등)

- 나를 놓을 수 있는 곳(산, 여행지 등)

기분 좋은 순간

- 강의 후 감사 메일을 받았을 때

- 바닷가 앞 멍게 한 접시와 소주 한잔, 그리고 싱그러운 바닷바람, 파도소리가 어우러질 때

- 운전하다 우연히 라디오에서 흘러나오는 추억의 노래를 들을 때

- 기타 치며 노래 부를 때

내가 좋아하는 것

- RE:, 주문하신 책이 발송되었습니다, 워터맨 볼펜의 감촉, 지하철 맨 우측 빈자리, 라이브 공연, 심야 마실, 새벽의 냉수 한 잔, 어떤 아줌마와 수다 떨기, 정신을 확 깨우는 책 구절, 선물 받은 책 맨 앞장의 짧은 편지, 구본형 홈페이지, 내 꿈 10대 풍광, 편지, 눈부시게 푸른 가을 하늘, 촌철살인 유머, 여행, 큰딸의 피아노 연주, 작은딸의 기타와 노래 소리, 아내의 환한 미소, 밤새 내

린 눈을 밟는 뽀드득 소리, 김이 나는 떡시루와 고물, 산에서 내려올 때 본 예쁜 야생화, 묵주, 관장 후의 시원함

나의 욕망

- 나는 기본적으로 사람들과 소통하고 싶어 하는 사람이다. 소통을 통해 공감하는 관계를 선호한다.
- 나는 누군가를 도와주고 싶어 하는 사람이다. 곤란에 처한 사람에게는 위로를, 무언가 필요한 사람에게는 도움을 줄 수 있는 사람이고 싶어 한다.
- 나는 낭만적인 욕구가 강한 사람이다. 음악, 산, 술, 사람을 좋아하고 거기에서 기쁨을 찾는다.

만약 이 목록을 적기가 힘들다면 의식의 흐름에 따라 맡겨보기를 권한다. 하고 싶은 욕망을 염두에 두고 손가락이 가는 대로 쓴다. 멈추지 말고 정해진 시간을 다 채울 때까지 계속 쓴다. 맞춤법에 얽매일 필요도 없다. 나는 예전에 약 20분씩 연습장에 손이 움직이는 대로 매일 글을 썼다. 약 2주가 지나자 연습장 한 권이 다 채워졌다. 노트를 다시 읽으며 나는 흥분하기 시작했다. 노트에는 의식의 체에 걸러지지 않은 날 것 그대로의 욕망이 담겨 있었다. 책을 쓰고 싶은, 감동을 주는 강사가 되고 싶은, 탁월한 성취와 보람을 느끼는 회사를 만들고 싶은, 카페를 창업하고 싶은 욕망이 거기에 있었다.

- 지금부터 5년 후로 날아가서 자신이 바라는 모습을 떠올려보자. 5년 후부터 거꾸로 1년씩 거슬러오면서 가장 인상적인 장면을 묘사해보자. 현실 가능성은 배제하고 오로지 상상력만으로 써부자. 주의할 것은 반드시 과거 시제로 써야 한다는 점이다.

- 꿈을 떠올리기 어렵다면 연습장을 하나 장만하자. 5년 후의 모습을 생각이 떠오르는 대로, 손이 가는 대로 써보자. 약 한 달 동안 틈틈이 써보면 꿈이 구체적으로 기록될 것이다.

- 매년 연말에 꿈 묘사를 계속 업데이트하면 삶의 위대한 장면이 완성될 것이며 그대로 살게 될 것이다.

1. 책을 통해 인생의 전환을 모색하다

2018년까지 평균 1년에 한 권씩 총 10권의 책을 출간했다. 2007년 2월에 출간된 나의 첫 번째 책《대한민국 개발자 희망보고서》는 IT업계에 종사하는 사람들을 대상으로 한 전문가로 성장하기 위한 경력계발에 관한 책이었다. 사실 나는 첫 책의 방향을 놓고 적잖게 고민을 했었다. 대중성과 내가 하고 싶은 이야기 사이에서 갈등하다가 결국 후자를 선택했다. 내 목에 걸려 있는 가시를 먼저 제거하고 싶었다. 후회 없는 선택이었다. 책이 비록 많이 팔리지는 않았지만 이 책을 통해 나는 자신감을 얻었고 어느 정도 마니아층이 형성되었다. 1년 동안 구본형변화경영연구소 연구원을 하면서 꾸준히 책을 읽고 정리하고 글을 썼던 경험이 큰 도움이 되었다.

두 번째 책은 연구원들과 함께 쓴 강점 발견에 대한 책이다. 기존의 도구 중심의 강점 발견이 아닌 자신의 경험을 중심으로 참신하게 써 내려간 이 책은 변화경영연구소 최초의 연구 발간물이기도 했다. 이 책을 쓰면서 나의 강점을 더 구체적으로 알게 되었으며, 프로젝트 매니저 역할을 하면서 공저의 중요성을 새삼 절감한 의미 있는 작업이었다.

세 번째 책은 내가 좋아하는 후배 승완이와 함께 쓴《내 인생의 첫 책 쓰기》였는데 2008년 가을에 출간되었다. 이 책

역시 후배 연구원들의 첫 책 쓰기를 돕고 싶은 강렬한 마음으로 짧은 시간 동안 금주를 하면서 쓸 수 있었다. (…)

나의 여섯 번째 책 《회사를 떠나기 3년 전》은 2014년 봄에 출간되었다. 이 책에는 직장에서 나오기 위해 준비해야 할 것들에 대한 실질적인 지침을 제시하여 '이론과 실천을 겸비한 직장인의 자기혁명서', '준비가 필요한 직장인에게 단비와도 같은 책'이라는 평을 받았다. 이 책을 통해 나는 나만의 브랜드를 비로소 만들 수 있게 되었고 부수적으로 경제적 수입이 꽤 늘어 로또 살 생각을 아예 버렸다. 내가 그동안 쓴 책 중에서 가장 운이 좋은 책이었다.

10권의 책 중에 한 권은 《마흔, 그 찬란한 유혹》이라는 자서전이었는데, 40대에 경험한 나의 발자취와 블로그에 기록한 나의 생각, 그리고 내가 만났던 책과 사람에 관한 자전적 이야기로서, 10년을 되돌아볼 수 있어서 무척 소중하게 간직하고 있는 책이다.

우주의 별이 되신 스승을 위해 《구본형 평전》을 연구원들과 함께 만든 기억도 아주 오래 남아 있다. 나와 몇 명의 연구원이 총괄을 했다. 그의 저서, 그의 삶, 그와의 일화, 그와의 인터뷰, 연구원과 꿈벗 100명의 '내가 본 인간 구본형' 등을 실었다. 중간 중간에 공들여 정리한 사진을 함께 넣었다.

· 2007년: 대한민국 개발자 희망보고서

· 2008년: 나는 무엇을 잘할 수 있는가?, 내 인생의 첫 책 쓰기

· 2010년: 회사가 나를 미치게 할 때 알아야 할 31가지

· 2011년: 프로그래머 그 다음 이야기

· 2014년: 회사를 떠나기 3년 전, 엔지니어 인문학을 만나다

· 2015년: IT 콘서트

· 2016년: 거꾸로 읽는 자기계발서

· 2017년: 자라투스트라는 나에게 이렇게 말했다

· 2018년: The Daily Revolution Essence 50

· 2019년: 마흔, 그 찬란한 유혹(Me Story)

2. 남도에서 안나푸르나까지 길을 나서다

3. 영적인 비즈니스를 시작하다

4. 우리 쉴 곳을 마련하다

5. 후학을 양성하다

• 꿈으로 가는 징검다리를 놓기 위해 매일 시도할 일을 적어보자.

■■ 예시: 꿈으로 가는 하루 혁명

1. 12시에 취침해서 5시 반에 기상한다. 기상 후 매일 20분 정도
기수련을 한다.

2. 출퇴근하는 두 시간 동안 독서를 한다. 매주 한 권의 책을 읽고

정리해서 블로그에 포스팅한다.

3. 7시까지 회사에 출근해서 9시까지 두 시간은 책 또는 칼럼을 쓴다. 정리한 내용은 블로그에 포스팅하고 지인들에게 메일을 발송한다.

4. 술은 주 2회 이상 마시지 않기, 가급적 12시 이전에 집에 들어간다.

5. 퇴근 전 또는 아침에 출근해서 일기를 쓰고 오늘 할 일을 기록한다. 해야 할 일에 사람들과의 관계 강화 활동(Coffee Break, 이메일, 전화, 점심식사)을 포함시키고 이를 반드시 실천한다.

6. 매월 1~2회 팀 자체 세미나를 실시하고 동종업계 경영혁신팀을 벤치마킹한다. 팀원들의 경력을 주기적으로 점검하고 코칭한다(매월 2주차 화요일: 팀 세미나, 4주차 금요일: 성과 리뷰/정리).

7. 아내와 아이들의 활동에 관심을 갖고 하루 최소 10분, 일주일에 두 시간은 대화의 시간을 갖는다. 월 1회는 가족들에게 편지를 쓴다.

1. Strength Finder, 다중지능, 앞에서 언급한 강점을 발견하는 6가지 열쇠 등을 참고하여 자신의 강점을 찾아라. 도구 검사는 강점을 찾기 위한 실마리를 제공해줄 수 있으나 맹신해서는 안 된다. 자신에 대한 연구를 통해 스스로 자신의 강점에 확신을 갖는 것이 더 중요하다. 도구 검사의 결과에 대해 자신의 사례와 경험을 적어보고 재해석하는 것이 중요하다.

예) Strength Finder 검사 및 결과 재해석

- 의사소통(communication)
- 의미: 말과 글을 통해 사람들과 어울리는 것을 좋아한다. 생생하게 표현하여 사람들의 마음을 붙잡는다.

- 사례: 변화경영연구소 연구원, 꿈벗 모임 등에서 주도적으로 활동했다. 강연과 교육에 대한 반응이 좋았다. 아버지 칠순 잔치에서 편지를 낭독했는데 울음바다가 되었다. 그동안 다섯 권의 책을 출간했다.

- 개인화(individualization)
- 의미: 개인의 매력과 강점을 본능적으로 알아차리고 성장할 수 있도록 가이드를 잘한다.
- 사례: 회사에서 채용을 위한 역량 면접관을 4년 동안 잘 수행하여 우수인력을 선발했다. 후배들이 나를 멘토로 생각하며 따른다.

2. 내가 느끼는 나의 강점을 적어보자. 그동안의 경험에서 특별히 자신이 남보다 잘한다고 생각하는 능력, 기술, 지식 등을 생각해보고 세밀하게 적어보자.

예) 나의 강점

- 개인, 회사, 사회 등에 대한 관찰력, 직관력이 세밀하고 뛰어나다.
- 문제에 대한 인식과 해결을 모색하는 능력이 뛰어나고 이것을 글로 정리하는 걸 좋아하고 잘하는 편이다. 또한 이를 통해 타인에게서 인정을 받았을 때 더욱 분발할 수 있는 동기부여를 갖게

된다.

- 사람들을 편하게 대하고 편안함을 느끼게 해주는 공감능력이 뛰어나다.
- 전체 팀원에게 조직의 목표와 방향을 제시해주고 이를 어떻게 하면 효율적으로 추진해나갈 것인가를 지속적으로 고민하고 팀을 끌어나가는 리더십이 있다.
- 사고방식이 기계적이지 않고 감성이 풍부하여 음악, 문학 등을 좋아하고 오프라인 사고방식, 낭만, 여유를 갖고 있다.

3. 이제 남들이 나를 평가하는 강점을 적어보자. 어렸을 적부터 자주 들어온 칭찬이나 피드백 등을 떠올려보자. 아니면 주위의 친한 친구와 동료, 선후배 등에게 메일을 보내 서너 개의 강점을 적어줄 것을 부탁해보자.

예) 남들이 평가해주는 나의 강점

- 대학 시절부터 자주 들었던 얘기 중의 하나가 상대방을 편안하게 해준다는 것이다. 부담 없는 외모라기보다는 상대방을 배려하고 공감하는 능력이 뛰어나다고 한다.
- 목소리가 좋다. 내 목소리는 저음이면서 공명이 있다. 처음 만났을 때 나에게 카리스마를 느낀 사람은 대부분 목소리 때문에 그렇다고 했다.
- 지속적이고 과감한 실행력이 뛰어나다. 천성적으로 말로만 일을

하려고 하는 것을 별로 좋아하지 않는다. 비즈니스를 한다면 실제 성과를 만들어내야 한다. 물론 자기계발 과정도 그러하다. 현장 중심의 일 추진을 중요하게 여기며 실제 지속적으로 행동해야 한다고 믿는다.

- 리더 스타일이다. 부하 직원들을 세심하게 살피며 개개인에 맞는 비전과 성장전략을 제시해준다. 부하 직원들의 성장에 큰 관심을 갖고 있고 따르는 이가 많은 편이다.

4. 위의 3가지 방법을 통해 공통적으로 나타난 나의 두드러진 강점은 무엇일까? 반복적으로 나타난 강점 3가지를 핵심 단어로 요약해보자.

예) 글쓰기, 코칭, 공감

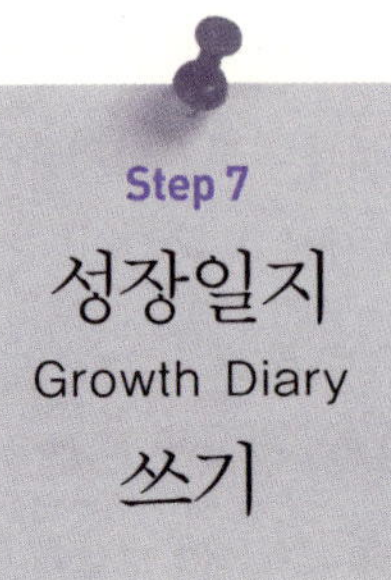

직장인들은 업무일지에 오늘 한 일을 시간대별로 적는다. 업무일지는 관리자가 부하 직원의 시간을 효율적으로 통제하기 위한 용도로 사용하는 것이 일반적이다. 따라서 직원들이 자발적으로 자신의 일을 관리하고 개선하기 위해 작성하는 것이 아니기 때문에 형식적으로 흘러갈 확률이 높다. 업무일지를 다음의 3가지 관점에서 쓰면 효과적으로 일과 관계의 품질을 높일 수 있어 경력관리에 큰 도움이 될 뿐만 아니라 인생의 축소판인 하루를 잘 보낼 수 있다. 이것을 '성장일지 쓰기'라고 부르자. 일주일에 2~3개 정도의 일지를 꾸준히 작성하면 6개월 정도 후에는 책이나 매뉴얼 한 권 정도의 분량이 된다. 그 자체로 훌륭한 자산이다. 이런 과정을 3년 정도 진행하면 괄목할 만한 성장을 이루게 된다.

- 오늘 나는 누구를 기쁘게 할 것인가?

  많이 얻을수록 행복해지는 것이 아니라 베풀 수 있는 만큼 행복하다. 베풂은 부메랑 같아서 수많은 결실과 함께 되돌아온다.

- 오늘 새롭게 시도한 것은?

  반복은 지겹다. 새로운 시선으로 일을 대하자. 일상에서 늘 실험하면 일 속에서 재미를 찾고 행복하게 직장생활을 할 수 있다.

- 오늘 새롭게 배우고 깨달은 것은?

  성장을 위해서는 매사에 경험적 지식과 노하우, 인생의 의미와 깨달음을 찾는 자세가 중요하다.

▪▪ 성장일지 예시

2012년 12월 10일

어제 오후에 약 1시간 반 정도 프로젝트 워크숍에 참여했다. 프로젝트 멤버 간의 친밀도를 높이기 위한 행사였다. 자기소개, 상대방 칭찬, 프로젝트 관리자에게 바라는 사항, 업무 성공요인에 대해 의견을 나누고 발표하는 시간이었다. 일종의 팀빌딩인데 나름 괜찮았다. 워크숍에 참여하면서 몇 가지 생각이 떠올랐다.

- 비즈니스 용어를 사용해서 업무를 설명해주면 상대방이 업무 흐름도를 그리는 프로그램을 해보면 어떨까?
- 업무 성공요인 발표는 좀 더 구체적으로 진행하면 어떨까? 개인적인 의견을 취합하되 프로젝트의 특성을 고려하여 프로젝트 차원에서의 성공요인을 도출하고 공감하는 취지로 진행하면 어떨까?
- 개인별로 성장일지를 쓰고 커뮤니티를 통해 공유하는 것이 꼭 필요하다. 배움은 나눔을 통해 증진된다.
- 매일 아침 Tea Time을 갖는 것이 좋다. 순서를 정해서 덕담 한마디를 건네는 건 어떨까?

방법론을 정의할 때 초점을 두어야 할 것

- 왜 작성하는지를, 즉 목적을 명확히 할 것(엔지니어들은 문서 작업에 알레르기 반응이 심하다. 내가 확신이 없으면 설득하기 어렵다).
- 전체적인 연관을 고려한 후에 각론으로 접근할 것. 주요 작업이 어떤 연결을 가지고 흘러가는지에 대한 그림이 있어야 작업의 수위 조정이 원활할 수 있다.
- 가장 간지러운 부분을 쉽게 구체적으로 제시해줄 것. 그래야 나의 섹시한 매력에 넘어온다.
- 궁금한 사항에 대해서는 신속배달 서비스를 제공할 것. 서둘러 결정해주지 않으면 자기 나름대로 작성할 것이며 이후

조정하면 엄청 짜증 낼 것이 불을 보듯 뻔하기 때문이다.

문서 검토 시 Tip

- 볼펜은 두 가지 색을 사용(빨강. 파랑).

- 기록자가 중요한 결함사항 위주로 시정조치서에 기록.

- 미미한 결함은 작성자가 바로 수정할 수 있도록 알아보게 작성할 것.

- 결함에 대해 공유할 때 중복 사항은 스킵하고 진행.

- 질의사항도 메모할 것.

- 논의할 사항은 이슈로 관리하여 추후에 해결할 것.

- 업무 파트별로 작성하고 나중에 문서를 통합할 때 문서 작성순서(numbering)를 고려하여 작성.

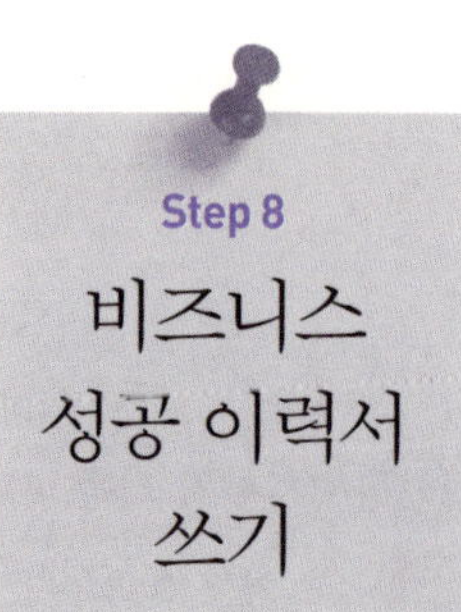

나는 20년간 직장생활을 했고, 많은 직장인들을 알게 되었다. 그들은 대부분 반복되는 일과 속에서 특별한 도전과 실험을 시도하지 않는다. 월급만큼 일한다는 수동성이 강하다. "주어진 일, 시키는 일만 하려고 한다"는 좁은 울타리에 갇혀 있다 보니 훌륭한 서비스를 제공할 수가 없다. 월급쟁이 마인드를 버리고 새롭게 자신을 리모델링해야 자신이 희망하는 경력을 효과적으로 쌓을 수 있다.

연말이 되면 자신의 성과를 돌아볼 기회가 있기 마련이다. 그런데 막상 시시콜콜한 것 이외에는 떠오르는 게 별로 없다. 바쁘게 열심히 일했지만 정작 이렇다 할 성과는 없다. 그렇다면 당신은 헛일을 한 것이다. 그저 하루하루 급급해 닥친 일만 수행했을 뿐 회사에 기여하겠다는, 나를 성장시키겠다는 동기 없이 그저 맹목적으로, 기계적으로 일한 것이다. 요컨대 일에 대한 관점이 잘못된 것이다. 일을 해나가면서 스스로가 성장하고 인정받지 못한다면 일의 기쁨과 보람을 찾을 수 없고 매너리즘에 빠질 수밖에 없다. 나의 경력이 초라하게 느껴진다. 경력이란 단순히 내가 한 일의 나열이 아니라 내 성장의 기록이 되어야 한다.

나는 10년 넘게 다니던 회사 분위기가 점점 안 좋아지면서 이직을 결심하며 이력서를 작성했다. 그러나 막상 작성하고 보니 매력적인 이력이 아니었다. 그래서 결국 이직을 보류했다. 무작정 사표를 던질 수는 없었다. 지속적인 경력 관리의 필요성을 절감하게 되었다. 나의 경력을 효과적으로 계발하기 위한 방편으로 새로운 이력서를 작성했다. 규정된 표준 양식을 따라 천편일률적으로 작성되는, 신상 명세와 그동안 내가 한 일을 나열하기만 하는 이력서가 아니라 비즈니스의 성공 관점에서 이력서를 작성했다. 고민 끝에 다음 4가지를 이력서 작성 기준으로 설정하게 되었다.

첫째, 어디에라도 자신 있게 말할 수 있는 자신만의 탁월한 업무 성과를 이룬 적이 있는가? (성과)

둘째, 구체적으로 자신의 고객에게 깊은 감동을 준 적이 있는가? (고객)

셋째, 내가 일하는 분야에서 전문가임을 입증할 수 있는가?

넷째, 일은 혼자 하는 것이 아니다. 일을 성공적으로 수행할 수 있는 휴먼 네트워크를 가지고 있는가? (휴먼 네트워크)

이 4가지 질문에 대해 제대로 답을 할 수 있는 직장인들이 많지 않다. 이것이 직장인들의 비극이다. 이 질문에 답을 준비하지 않으면 성공적인 직장생활은 어렵다. 나는 2005년부터 매년 한 해를 마무리하면서 이력서에 1년 동안의 실적을 업데이트하고 다음 연도의 계획도 마찬가지로 4가지 요소를 반영하여 작성하고 있다.

1. 기억할 만한 성과
2. 리얼한 고객 감동 사례
3. 전문성을 입증할 만한 증거
4. 성공을 뒷받침할 휴먼 네트워크

나는 이력서에 성과들이 차곡차곡 쌓여가는 것을 보면서 뿌듯했고 일의 참맛을 깨달았다. 아울러 성과 지향적인 업무 자세를 지니게 되면서 회사가 어떤 상황에도 유지하려고 하는 핵심인력 10%에 포함되었다. 회사에서 작은 기업가로 인정을 받았다. 큰 효과를 본 나는 당시 내 팀원들에게도 적극 권장했고, 처음에는 상당히 어려워했지만 차츰 나아졌다.

이와 같은 이력서 쓰기의 장점은 주지하다시피 자신의 전문성을 효과적으로 높일 수 있다는 것이다. 일의 성과, 가시적인 고객 만족, 전문성의 증거, 휴먼 네트워크는 비즈니스 성공의 핵심요소이기 때문이다. 여기에서 이야기한 것들이 절대적인 기준은 아니다. 자신이 처해 있는 업무 분야와 특성에 따라 나름의 기준을 설정할 수 있을 것이다. 중요한 것은 나의 성과를 명확하게 보여줄 수 있고 지속적으로 성장할 수 있는 동기부여를 받을 수 있느냐는 것이다.

한 해가 저물어갈 때 나만의 시간을 할애해서 이력서를 업데이트해보자. 객관적으로 나를 되돌아볼 수 있고 나의 경력이 무럭무럭 자라고 있다는 느낌을 받을 수 있다. 나의 비즈니스 건강 차트가 어느 수준인지 가늠할 수 있는 좋은 평가 도구가 바로 비즈니스 성공 이력서다.

- 앞에서 말한 4가지 관점에서 이력서를 작성해보자.

[성과]

- 그룹의 유통/외식 비즈니스의 효율적인 지원을 위한 웹 기반의 유통/외식 표준솔루션 개발
- 전사 기술 인력의 경력계발 프로그램 수립
- 회사의 비전, 미션, 핵심역량, Ways 수립
- 전사 프로젝트를 대상으로 CMMI(Capability Maturity Model

Integration) 국제 표준 인증 획득

- 그동안 두 번이나 실패했던 프로젝트 관리 시스템을 성공
  적으로 구축

[고객만족]

- 1999년 OO회사 회장상 표창
- 2004년 OO프로젝트 종료 후 OOO본부장에게 장문의 감
  사메일을 받음
- 2007년부터 매년 책 출간 후 다수 독자에게 감사의 메일을
  받음
- 2010, 2011년 OO프로젝트 종료 후 고객 관리자에게 선물
  을 받음

[전문성]

- 1999년, 2004년 회사 올해의 기술인상 수상
- 2001년 12월 정보처리 기술사 자격 취득
- 2005년 구본형변화경영연구소 1기 연구원 수료
- 2006년 회사 올해의 단체상 수상
- 2004~2007년 그룹 역량면접관
- 2007년 2월 첫 책《대한민국 개발자 희망보고서》출간
- 2007년 '마음을 나누는 편지' 발송(1만 명의 수신자에게 주 1회 1년
  동안 발송)

- 2008년 《나는 무엇을 잘할 수 있는가》, 《내 인생의 첫 책
  쓰기》 출간
- 2010년 《회사가 나를 미치게 할 때 알아야 할 31가지》 출간
- 2011년 《프로그래머 그 다음 이야기》 출간

[휴먼 네트워크]

- **구본형 소장님 & 변화경영연구원**

  2005년부터 변화경영연구소 1기 연구원 활동을 시작한 이
  래 약 9년 동안 90명의 연구원들을 알게 되었으며 이들과
  공저를 하며 지적인 커뮤니티를 유지하고 있음
- **꿈벗**

  2006년 1월 '내 꿈을 찾아서' 프로그램에 참가한 것을 계
  기로 약 200여 명의 꿈벗과 인간적인 관계를 맺게 되었으
  며 인생의 동반자 관계로 나아감. 앞으로 정기적인 모임이
  계속 이어질 것이며, 그 수도 계속 늘어날 것임
- **영적인 비즈니스**(Beyond the business) **모임**

  앞으로 우리가 하고 싶은 일을 함께 준비하는 창조적 모임
  과의 유대
- **내 인생의 첫 책 쓰기 모임**

  인생의 첫 책을 쓰고자 프로그램에 참여한 사람들과의 네
  트워크

- 전 직장 동료

  직장생활을 함께하면서 알게 된 소중한 동료들과의 만남

- 고객 및 파트너

  직장생활을 함께하면서 알게 된 고객 및 파트너와의 지속

  적인 교류

- 온라인 커뮤니티, 정기 메일링 리스트

  2007년 1만 명의 독자에게 매주 월요일 정기적으로 메일

  을 보냈으며, 개인 메일링 리스트 약 500명을 관리하고 있

  음. 또한 2004년부터 개인 블로그, SNS를 통해 온라인 네

  트워크를 지속하고 있음

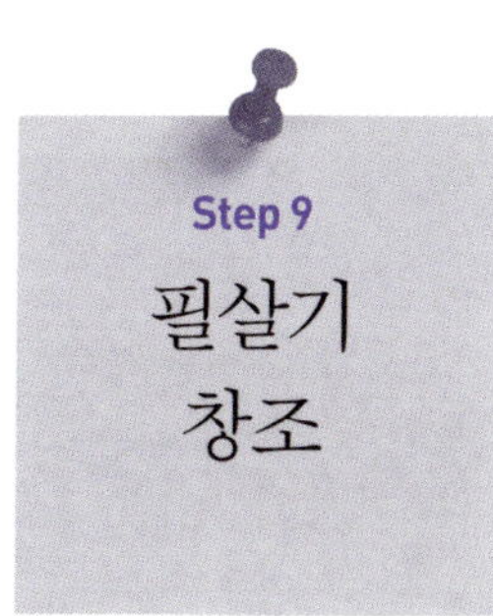

지금 하는 일에 만족하는가?

지금 하는 일에 자신의 능력 전부를 쓰고 있는가?

자세히 들여다보면 지금 하고 있는 일 속에 필살기를 만들어내는 씨앗이 숨어 있다.

1. 자신이 현재 수행하고 있는 일을 대략 20개의 작업Task으로 나누어 기술하고 본인의 재능 적합도와 업무 중요도에 따라 구분해보자.

세부업무개요	재능 적합도	업무 중요도
품질 정책을 입안하고 모니터링 및 개선을 한다. (정책 입안 및 개선)	-1	1
프로세스 개선 계획을 수립한다. (개선 계획 수립)	0	1
프로세스 개선 프로젝트를 추진한다. (개선 프로젝트 추진)	3	2
프로세스 개선 사항을 모니터링하고 시정조치를 한다. (모니터링 및 시정조치)	-2	1
연간 품질활동 계획을 수립한다. (품질활동 계획 수립)	1	2
프로젝트 제안서를 작성한다. (제안서 작성)	-1	2
프로젝트 위험 및 성공요소를 분석하여 프로젝트 팀에 제시한다. (컨설팅)	3	-1
개발/관리 산출물을 검토하여 실행단계(분석, 설계, 구현) 품질보증활동을 실시한다. (품질보증활동 실시)	1	1
프로젝트의 진행사항을 상위관리자에게 보고한다. (모니터링 및 보고)	-2	1
프로젝트 진행에 문제가 생겼거나 부서 간 이견 발생 시 해결한다. (문제해결)	2	1
품질보증활동에 대한 각 단계별 품질보증 결과 보고서를 작성한다. (품질활동 보고서 작성)	1	-1
프로젝트 관리 및 개발 방법론을 수립 또는 개선한다. (방법론 수립/개선)	2	3
프로젝트 및 팀의 품질 평가를 실시한다. (품질 평가)	0	2

품질 평가에 대한 보고서를 작성한다. (품질 평가 보고서 작성)	0	1
프로젝트 사례집을 발간하고, 전사에 공유한다. (벤치마킹 및 교육)	2	2
고객만족도조사 문항을 만들고 고객만족도조사를 실시한다. (고객만족도조사 실시)	-2	2
고객만족도조사 결과를 취합하고 결과 보고서를 작성한다. (만족도 보고서 작성)	-2	2
품질관련 교육 프로그램을 개발한다. (교육 프로그램 개발)	2	-2
품질관련 교육을 실시한다. (교육 실시)	3	1
팀원들의 자기계발 세미나를 실시한다. (세미나 실시)	2	-3

▪▪ **재능 적합도: 세부 업무(Task)에 대한 나의 재능 적합도**

▪▪ **업무 중요도: 회사(또는 상사) 입장에서 본 중요도**

▪▪ **점수 부여방법**

수준(평균=0)	평점
매우 강함(상위 1~3위)	+3
강함(상위 4~6위)	+2
상대적으로 강함(상위 7~9위)	+1
상대적으로 약함(하위 7~9위)	-1
약함(하위 4~6위)	-2
매우 약함(하위 1~3위)	-3

2. 위에서 작성한 세부 업무의 재능 적합도와 업무 중요도 점수를 그래프로 표시하고 그중에서 전략적으로 강화해야 할 일을 5~10가지 이내로 표시하라.

: 전략적인 일은 도표의 1사분면과 4사분면에 주로 위치한다. 1사분면의 일은 근무 시간의 4~5시간을 투입하고 4사분면의 일은 별도로 정한 2~3시간을 투입하여 매일 8시간을 투자하면 3년 내에 1만 시간을 채울 수 있고 전문적인 기술을 습득할 수 있다.

■■ 품질경영팀장일 때의 업무 도표(○은 전략적인 일)

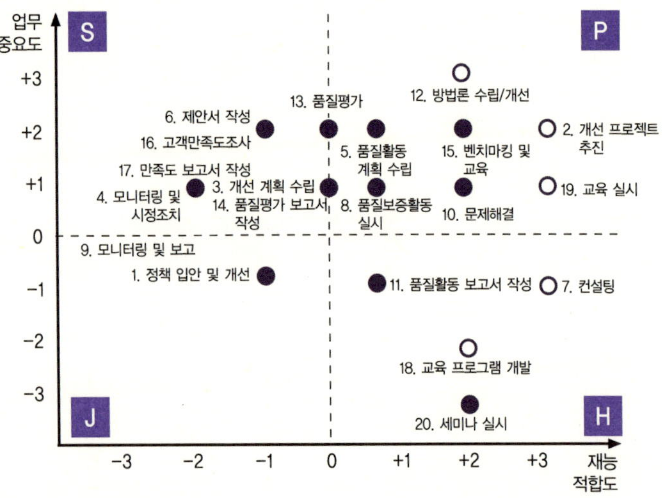

내가 쓴 책 한 권은 전문가로 인정받고 성공적인 인생 2막을 위한 강력한 무기가 될 수 있다. 책을 쓰기로 마음먹고 책을 읽고 글을 써야 한다. 쓰고 싶은 책의 주제를 정한 후 다른 책과 차별화할 수 있는 콘셉트 작업을 한다. 그런 다음 책의 목차를 세워야 한다.

- 내가 앞으로 쓰고 싶은 책의 주제는 무엇인가? 내가 쓸 수 있을까라는 자기 검열을 버리고 자연스럽게 생각나는 대로 적어보자. 대부분 책의 주제는 나와 관련된 일이나 관심사, 살아온 이야기에 숨어 있다.

- 그중에서 한 가지를 선택한 후 서점, 인터넷 등을 통해 유사 책을

찾아내고 그 책과 내 책의 다른 점을 적어보자.

- 차별점을 고려하여 내가 이 주제에 대해 하고 싶은 이야기를 1페이지 이상 적어보자.

- 적은 내용을 찬찬히 보면서 이 주제에 대해 구체적으로 하고 싶은 이야기를 소목차로 정리해보자.

- 써보고 싶은 소목차 1~2개를 적어보고 고쳐보자.

- 위 과정을 2~3회 반복하면서 보완해보자.

- 간단하게 출간기획서(서문, 목차, 꼭지글 2~3개, 저자소개 등)를 작성해보고 주변 사람이나 출판사에 보내 의견을 받아보자. 의견을 반영하여 출간기획서를 수정한다.

- 쓸 책의 목차에 따라 정기적으로 꼭지 글을 써나간다. 자신의 기질적 성향에 따라 거칠게 초고를 20~30페이지 쓴 후에 점점 내용을 늘리고 보완해나가는 방법도 좋다.

책을 쓰는 구체적인 방법론은 나의 또 다른 책《내 인생의 첫 책 쓰기》(2008년, 위즈덤하우스)를 참조할 것을 권한다.

1. 현재 자신이 하고 있는 일과 하고 싶은 일을 기반으로 사업 모델을 찾아보자. 다음 질문에 답해보자.

▶ Step 9 필살기 창조에서 본인이 하고 있는 일 가운데 전략적으로 초점을 맞추고 싶은 일을 찾았다. 그 일들을 깊이 들여다보고, 연결하여 자신이 하고 싶은 비즈니스를 한 문장으로 표현해보자.
: 엔지니어링 회사를 대상으로 한 인문, 경영, 엔지니어링을 융합한 변화혁신 컨설팅.

▶ 위에서 고른 일의 시장은 어떤가? 또는 시장 내에서 불만이나 부족한 것은 무엇인가?

: 경영 컨설팅-글로벌 컨설팅 회사가 선진사례 벤치마킹과 조직 재설계 서비스를 제공하나 컨설팅 업체의 실무경험 부재로 인해 기업에 적합한 가이드 제시가 부족하고 리포트 제출로 종료됨.

: IT 컨설팅-IT 정보전략 수립, 차세대 프로젝트를 통한 변화혁신 전략 수립과 이행을 추진하고 있으나 역시 실행과 연결되지 못하는 보고서 제출로 끝남. 이어서 추진되는 프로젝트는 수립된 전략과 무관하게 추진되고 체계적인 위험관리가 되지 못해 납기 맞추기에 급급한 현실임.

: 프로세스 컨설팅-CMMI, 6시그마, ISO 20000 등의 선진모델을 기반으로 회사의 프로세스를 구축, 이행을 하고 있으나 프로세스 구축은 선진모델을 그대로 수용하여 현실을 제대로 반영하지 못하고 이행도 제대로 추진되지 못하는 경우가 대부분임.

▶ **시장이 필요로 하는 것은 무엇인가?**

: 조직의 근본적인 변화를 위해서는 사람과 프로세스, 엔지니어링의 3가지 요소가 균형 있게 다루어져야 함. 특히 변화혁신의 주체로서 사람의 변화와 동기부여에 초점을 둔 모델 개발이 필요함.

: 조직의 현실을 반영한 유연한 전략과 경험 노하우를 반영한 프로세스 설계가 필요하며 특히 구축된 전략과 프로세스의 실질적인 내재화를 위한 변화혁신 프로그램 개발이 절실함.

: 이를 통해 궁극적으로 조직과 개인의 변화 모멘텀과 동력을 제공함으로써 고질적인 관행의 문제점을 해결하고 조직의 경쟁력과 개

인 삶의 품질을 높이는 데 기여하고자 함.

- ▶ 시장의 불만과 부족을 채울 수 있는 나의 자산(재능, 경험 등)은 무엇인가? Step 2~6의 내용을 다시 한 번 보고 자신의 경력을 감안하여 적어보자.

  : 인문학, 경영학을 바탕으로 엔지니어링을 아우를 수 있는 능력(통섭형 인재)

  : 코칭, 개인화 재능

  : 프로세스 혁신, HR 등 컨설팅 경험

2. 사업계획서 발표자료를 만들어보자. 아래와 같은 내용으로 항목을 구성하라.

- ▶ 제목(1쪽)
- ▶ 문제점 또는 수요(1쪽)
- ▶ 수익모델(1~2쪽): 시각적으로 표현
- ▶ 마케팅 & 영업(1~2쪽): 예상 고객 명단
- ▶ 인력구성(1쪽)
- ▶ 재무계획(1~2쪽): 시각적으로 표현(다이어그램과 그래프)
- ▶ 현 진행상황 및 향후 일정(1쪽)

3. 사업계획서 발표자료를 공개적으로 발표하고 피드백을
받아보자. 피드백의 내용은 무엇인가? 문제점을 점검하고 내
용을 보완하여 사업계획서를 수정해보자.

자신의 직업을 정의하기 위한 3가지 키워드를 도출해보자. 3가지 키워드 중 2가지는 자신의 강점이나 하고 싶어 하는 것이어야 하며, 나머지 한 가지는 경제적 자립을 할 수 있는 키워드로 연결되어야 한다. 경제적 자립을 할 수 없다면 자신의 꿈을 달성하기 어렵기 때문이다.

이 내용을 토대로 내 명함에 적을 나의 직업명(브랜드)과 비전 슬로건을 만들어보자. 브랜드는 지구상에 유일무이한 이름이어야 하며 비전은 자신의 꿈과 소명을 생생하게 표현해야 한다.

▶ 구본형의 사례

- 3가지 키워드: 변화경영, 작가, 강연

- 브랜드: 변화경영전문가 ⇒ 변화경영사상가 ⇒ 변화경영시인

- 비전: 우리는 어제보다 아름다워지려는 사람들을 돕습니다.

▶ 내가 품질경영팀장일 때의 사례

- 3가지 키워드: 변화혁신, 작가, 교육 프로그램

- 브랜드: 변화혁신 컨설턴트

- 비전: 사람에게 희망을! 프로세스에 활력을! 조직에게 성과를!

이제 지금까지 실습한 Step 과제를 다시 한 번 살펴보고 정리해보자. 당신은 회사에서 탁월한 성과를 내는 것이 꼭 필요한 일임을 알게 되었고, 전문성을 키우기 위해 어떤 기술을 연마해야 하는지도 알았을 것이다. 그리고 궁극적으로 자신이 어떤 비즈니스 모델과 직업적 비전을 갖고 있는지도 깨달았을 것이다. 자신이 하고 싶은 일에서 성공하려면 다른 사람의 도움이 있어야 하며 상사, 직원, 고객 등과의 인적 네트워크를 지속적으로 확장시켜나가야 함을 알았을 것이다.

이번 Step에서는 3년 동안 그대가 나아가야 할 방향에 대한 밑그림과 구체적인 실천과제를 작성한다. 성과, 전문성, 휴먼 네트워크의 3가지 측면에서 전략과 실행항목, 지표 수립 작업을 수행한다.

- ▶ 성과: 전략적 과제에 초점을 둔 탁월한 성과 창출
- ▶ 전문성: 전략적 과제의 수준 높이기, 필살기 만들기, 브랜드 이미지 높이기, 차별적 비즈니스 모델 만들기
- ▶ 휴먼 네트워크: 인적 네트워크(상사, 직원, 고객 등) 확장

1. 3개년 전략

먼저 3개년 동안 어떻게 만족할 만한 수준을 달성할 것인지에 대한 전략적 목표를 적어보자.

■■ '변화혁신 컨설턴트'의 직업적 비전을 가진 품질경영팀장의 사례

항목	1년차	2년차	3년차
성과	회사의 표준 방법론을 적어도 세 개 이상 개발하고 네이밍하고 공표할 것	CMMI 국제 품질 모델의 Level 5 인증을 전사적으로 획득할 것	품질관리 솔루션을 개발하고 최소 세 군데 회사에 접목시킬 것
전문성	-대표적이고 범용적인 현재의 품질경영 모델 및 방법론에 대해 통달하고 프로세스보다 사람 중심의 혁신모형으로 디자인 예) CMMI, 말콤볼드리지, Agile -업무와 관련된 최고의 자격증 획득 예) 기술사, CISA	-엔지니어링과 인문학을 접목한 차별화된 교육 프로그램을 개발하고 파일럿을 해볼 것 -책 출간을 통해 브랜드 이미지를 획기적으로 올릴 것	대중강연 실력을 최고의 수준으로 향상시킬 것 -1년 50회 정도의 사내외 강연을 해볼 것 -강연노트를 만들고 나만의 스타일을 개발하고 업데이트할 것

휴먼 네트 워크	-업계 협회, 동호회 등에 참여하여 사외 인적 교류 확대 -'이메일 편지'를 지인들에게 정기적으로 발송하여 찾아가는 네트워크 구축	-책 출간을 기반으로 한 프로그램을 개발, 참여자 네트워크 형성 예) 책 쓰기, 하프타임 스쿨, 휴먼스킬 역량 강화 프로그램 -한 달에 한 명은 고객을 나의 팬으로 만들고 충성도 높은 독자층을 확보할 것	-홈페이지를 개설하여 고객과 소통 -에이전시, 온라인 네트워크를 통한 협업관계 생성

2. 실행 항목(Action Item)

전략을 기반으로 3개년 동안 지속적으로 수행할 실행항목을 세분화하여 도출해보자.

실행 항목	2014				2015				2016			
	1	2	3	4	1	2	3	4	1	2	3	4
표준 방법론 개발 및 공표												
품질경영모델과 방법론 연구 및 심화												
자격증 취득(기술사)												
업계 협회 및 동호회 참여												
이메일 편지 발송												
CMMI Level 5 국제 인증 획득												
엔지니어링과 인문학을 접목한 교육 프로그램 개발												
엔지니어링과 인문학을 접목한 교육 프로그램 운영, 네트워크 형성												
글쓰기(매일 2시간)												
독서 및 정리(월 2권)												

책 출간(2권)								
한 달에 한 명 고객 만들기								
품질관리 솔루션 개발								
강연노트 쓰기								
사내외 강연 및 교육 수행								
홈페이지 개설								
협업 네트워크 생성								

3. 핵심지표

위의 실행항목이 제대로 수행되기 위해서는 몇 가지 지표 관리가 필요하다. 지표의 종류는 5~10개 정도가 적당하다. 너무 많으면 집중하기 어렵고 실행하기에 벅차게 느껴진다.

구분	지표	목표	비고
성과	–	–	회사 지표 및 목표 준수
전문성	책 출간 권수	1권/1년	
	글쓰기 시간	하루 2시간	
	독서	일주일 30시간	
	강연 횟수	월 3회	연 50회 이상은 초과하지 않을 것
휴먼 네트워크	추가 인원	월 10명 (고객 1명 포함)	내 휴먼 네트워크로 편입된 인원 수

1. 삶은 분기점을 요구한다. 대전 분기점에서 경부선을 탈수도 있고 호남선을 탈 수도 있고 통영으로 갈 수도 있는 것처럼 갈림길에서 어떤 선택을 하느냐에 따라 인생은 전혀 달라진다. 내가 가고 싶은 그 길로 가기 위해서는 새로운 결단이 필요하다. 나를 절박하게 몰아가기 위한 상징적인 의식이 필요하다. 단식은 좋은 상징의식이다. 밥벌이가 그대를 힘들게 했다면 한번 밥을 끊어보는 것도 좋다. 내 몸과 마음을 정화시키고 다시 태어나는 느낌을 갖게 한다. 나는 경남 산청의 지리산 자락에서 보름 동안 포도 단식을 했다. 술과 온갖 음식의 포화에 지친 나의 몸을 튜닝하고 이제는 내 인생을 스스로 프로그래밍하며 살겠다는 전의를 불태우는 의식을 거행했다.

살면서 우리에게는 자신을 돌아보는 시간이 필요하다. 그리고 새로운 출발을 하기 위한 모멘텀도 필요하다. 아마도 이런 필요에 의해 사람들은 일상에서 벗어나 여행을 떠나고 싶어 하는지 모른다. 그러나 몸만 떠나보내서는 다시 시작할 수 없다. 몸은 떠나도 '과거의 나'는 여전히 나의 발목을 잡고 있다. 몸과 마음과 습관을 떠나보내야 시작이 가능하다. 새로운 시작을 위해서는 단절이 필요하다. 자신에게 과감하고 신속한 조치를 취할 수 있어야 한다. 그대는 새로운 출발을 위해 어떤 의식을 거행하고 싶은가? 나의 날을 정하고 절대로 과거로 돌아가지 마시길.

2. 하루를 재편하기 위한 시간 계획을 세워라. 시간 관리의 요체는 불필요한 시간을 제거하는 것이다. 쓸데없는 약속시간을 줄이고 나만을 위해 투자하는 시간을 만들어라. 제거 없이 창조는 없다. 오로지 나에게 흠뻑 젖을 수 있는 시간을 할애하고 습관화될 수 있도록 하라. 직장인의 경우 새벽이나 밤에 두 시간 정도는 자신이 하고 싶은 일에 투자하는 게 좋다. 대략 3주 정도의 시간이 지나면 자동화된다. 하루 24시간은 똑같이 주어지는 공평한 자원이다. 나를 위한 소중한 시간을 확보해야 내 꿈이 실현될 수 있다. 매일 더하고 매일 깊어지기 위해 그대는 어떻게 하루를 재편할 것인가? 4가지 관점(제거, 감소, 강화, 창조)에서 활동을 기술해보라.

- 제거: TV 시청(안방 TV 없애기), 온라인 야구 게임, 야식

- 감소: 불필요한 인터넷 서핑, 술자리는 주 2회 이내, 1차로 끝내기

- 강화: 작은방을 서재로 만들기, 업무일지를 지식과 경험의 정리 차원에서 매일 쓰기

- 창조: 새벽 5~7시 공부 시간 확보, 인사교육 관련 도서 20권 읽고 정리(4개월), 인사교육 칼럼 쓰기(매주 한 개씩 쓰기 → 6개월 후 첫 책 출간)

진정한 여행의 시작

가장 훌륭한 시는 아직 쓰여지지 않았다

가장 아름다운 노래는 아직 불려지지 않았다

최고의 날들은 아직 살지 않은 날들

가장 넓은 바다는 아직 항해되지 않았고

가장 먼 여행은 아직 끝나지 않았다

불멸의 춤은 아직 추어지지 않았으며

가장 빛나는 별은 아직 발견되지 않은 별

무엇을 해야 할지 더 이상 알 수 없을 때

그때 비로소 진정한 무엇인가를 할 수 있다

어느 길로 가야 할지 더 이상 알 수 없을 때

그때가 비로소 진정한 여행의 시작이다

– 나짐 히크메트, 〈진정한 여행〉

나는 이 책을 쓰면서 나짐 히크메트의 시를 가슴에 품었다. 가장 훌륭한 시와 노래는 아직 만들어지지 않았다. 나에게는 더 위대한 날이 찾아올 것이다. 나는 자유롭게 살고 싶었고 내 능력을 마음껏 발휘하고 싶었다. 나에게 그런 기회를 선물로 주고 싶었다. 물론 그 반대편에는 고독과 불안이 자리 잡고 있었지만 더 이상 그것을 구실로 미뤄둘 수는 없었다.

그리스 신화에 이카로스에 대한 이야기가 나온다. 미노스 왕에게 미움을 받아 미궁에 갇힌 다이달로스는 탈출을 위해 자신과 아들 이카로스가 쓸 날개를 만든다. 완성된 날개를 실과 밀랍으로 몸통에 붙이고 탈출의 날을 기다린다. 다이달로스는 날아오르기 전 아들에게 주의를 준다.

"아들아, 비행에서는 고도가 중요하다. 너무 낮으면 습기가 날개를 무겁게 해서 추락할 것이고, 너무 높으면 태양열에 밀랍이 녹아 날개가 부서질 것이다. 내 뒤만 따라오너라."

그러나 이카로스는 아버지의 말을 잊고 하늘 끝까지 날아오르다 마침내 밀랍이 녹아 추락했다. 나는 이 이야기를 욕심 때문에 추락한 것으로 해석하고 싶지 않았다. 제 날개를 달고 날아올랐다면 어떻게 됐을까를 생각해본다. 인생 2막으로의 길은 밀랍 날개가 아니라 제 날개를 달고 다시 날아오르는 것이다. 미지의 세계로의 여행은 안전하지 않다. 그렇지만 제 모습으로 날아오른다면 순항할 수 있지 않을까? 두 번째 인생은 그동안 매인 것을 끊는 것이다. 자신에게 살고 싶은 대로 살아볼 기회를 허락하는 것이다. 그러기 위해서는 링컨이 "만약 내게 나무를 베어 넘어뜨리는 데 여덟 시간이 주어진다면 그중 여섯 시간은 도끼날을 가는 데 할애하겠다"고 말한 것처럼 철저한 사전 준비가 필요하다.

언젠가 떠날 수밖에 없는 이들이 독립을 결심하는 것은 축하할 일이다. 마치 배가 안전한 항구에 묶여 있지 않고 바다를 향하는 것처럼 자기 존재를 다 걸고 미지의 세계로 나아가는 것이 삶에 대한 태도다. 그것이 자기혁명이다. 겁먹을 거 없다. 불완전한 인간이 스스로 자신의 길을 가기 위해 삶의 공포와 불안과 마주하는 것, 그것이 삶에 대한 예의라고 나는 믿는다. 어떤 일에 공명하여 떨림을 얻게 되면 그 길로 걸어가라. 모두 버리고 그 길로 가라.

스티브 잡스가 스탠포드 대학 졸업식에서 한 연설을 기억하자.

"여러분의 시간은 한정되어 있습니다. 그러므로 다른 사람의 삶을 사느라고 시간을 허비하지 마십시오. 다른 사람들이 생각한 결과에 맞춰 사는 함정에 빠지지 마십시오. 다른 사람들의 견해가 여러분 자신의 내면의 목소리를 가리는 소음이 되게 하지 마십시오. 그리고 가장 중요한 것은, 당신의 마음과 직관을 따라가는 용기를 갖는 것입니다. 당신이 진정으로 되고자 하는 것이 무엇인지 마음은 이미 알고 있을 것입니다. 다른 모든 것들은 부차적인 것입니다. 이제 새로운 시작을 앞둔 여러분들이 이렇게 나아가기를 원합니다. 계속 갈망하라,

늘 우직하게!"
　지금 자신의 길을 모색하고 걸어가는, 마침내 제 날개를 달고 날아오를 그대에게 벼락같은 축복이 함께하길. Happy rebirth to you!

이 책은 타향 대전에서 일을 하면서 썼습니다. 도
중에 아버지께서 돌아가셨습니다. 얼마 되지 않아
구본형 스승님께서도 우주의 별이 되셨습니다. 뺨
을 비비고 살가움을 표현할 줄은 몰랐지만 누구보
다 성실하고 정이 많았던 아버지께, 말과 글이 삶
과 일치하신 분, 시처럼 살다 가시고 제 가슴에 등
불이 되신 스승님께 이 책을 바칩니다.

현실 너머 희망을 창조하는 3일
–인생으로의 두 번째 여행

참가대상

- 3년 후에는 회사를 떠나 자신의 길을 가고 싶은 사람

- 어디에 있든 스스로를 고용할 수 있는 1인 기업가가 되고 싶은 사람

- 자신의 강점과 기질을 살려 자신만의 특화된 브랜드를 만들고 싶은 사람

- 자기 인생과 직업의 방향성을 찾고 그것을 현실화하고 싶은 사람

- 지금 당장 변화를 위한 출사표가 필요한 사람

프로그램을 통해 얻게 되는 것

- 자신의 욕망, 기질, 정서, 강점, 인지 능력, 태도에 대한 중요한 통찰

- 자신의 적성과 시대에 부합하는 미래 직업 설계

- 향후 5년간 자신이 이루고 싶은 5개의 꿈 디자인

- 꿈 달성을 위한 3개년 자기혁명 전략과 액션 플랜

- 새로운 출발을 향한 하루 혁명 계획과 출사표

회사를
떠나기
3년 전

- 풍광 좋은 곳에서 2박 3일 동안 프로그램에 참여한다.

- 사전에 기질, 강점, 직업관 등 자신에 대한 탐색 작업을 진행한다.

- 첫날 "나를 온전히 들여다보기"

  : 자신이 살아온 이야기(Me Story)를 나눈다. 전문가와 '여섯 조각 이야기' 작업을 통해 영웅 여정으로서의 자신의 삶을 입체적으로 들여다본다.

- 둘째 날 "나의 꿈과 직업을 창조하기"

  : 현재 하고 있는 일에 대한 분석과 꿈 그리기를 통해 자신의 직업을 창조한다.

- 셋째 날 "자기혁명 전략 세우기"

  : 셋째 날은 자기혁명 3개년 로드맵과 하루 재편 계획을 수립하고 출사표를 쓴다.

- 한 달 후에는 참가자들과 함께 모여 자기혁명 진행결과를 상호 피드백하는 시간을 갖는다.

참가신청 및 문의

참가를 원하는 분은 아래 메일주소로 이름, 연락처, 이메일 등의 간단한 정보를 보내면 자세한 안내를 받을 수 있다.

kksobg@naver.com

The
Turning Point
School for 3050